CENTRE DE RECHERCHES D'HISTOIRE DES RELIGIONS
DE L'UNIVERSITÉ DES SCIENCES HUMAINES DE STRASBOURG

GROUPE DE RECHERCHE «BIBLIOTHÈQUE COPTE»

DÉJÀ PARUS DANS LA MÊME COLLECTION:

1. – ÉCRITURES ET TRADITIONS DANS LA LITTERATURE COPTE (Journée d'Études Coptes — Strasbourg 28 mai 1982), Louvain, 1983 (vi-170 pages) [Études Coptes I]
2. – M.O. Strasbach - B. Barc, DICTIONNAIRE INVERSÉ DU COPTE, Louvain, 1984 (vi-192 pages).
3. – DEUXIÈME JOURNÉE D'ÉTUDES COPTES (Strasbourg 25 mai 1984), Louvain-Paris, 1986 (vi-196 pages) [Études Coptes II]
4. – ÉTUDES COPTES III (Troisième Journée d'Études — Musée du Louvre 23 mai 1986), Louvain-Paris, 1989 (vi-154 pages).
5. – H. De Vis, HOMÉLIES COPTES DE LA VATICANE I (réédition), Louvain-Paris, 1990 (viii-220 pages)
5. – H. De Vis, HOMÉLIES COPTES DE LA VATICANE II (réédition), Louvain-Paris, 1990 (viii-315 pages)
7. – L'ÉGYPTE EN PÉRIGORD — DANS LES PAS DE JEAN CLÉDAT (Catalogue raisonné de l'exposition — Musée de Périgord), Louvain-Paris, 1991 (vi-121 pages)

Vous pouvez commander ces livres auprès de votre libraire habituel
A défaut, vous les trouverez chez:

Vrin, 6, Place de la Sorbonne, F-75005 Paris
Peeters-France, 52 Bd St-Michel, F-75006 Paris
Peeters, Bondgenotenlaan 153, B-3000 Louvain.

Couverture: Motif B des niches et frises du Couvent Blanc. D'après P. Akermann, Le décor sculpté du Couvent Blanc. Niches et frises (Bibliothèque d'Études Coptes, 14), Institut français d'archéologie orientale du Caire, 1976, p. 88.

CAHIERS DE LA BIBLIOTHÈQUE COPTE
8

ÉTUDES COPTES IV

QUATRIÈME JOURNÉE D'ÉTUDES
STRASBOURG 26-27 MAI 1988

ÉDITIONS PEETERS
PARIS, LOUVAIN

ISBN 2-87723-199-2 (Peeters, France)
ISBN 90-6831-707-5 (Peeters, Leuven)

D. 1995/0602/56

AVANT-PROPOS

Les communications présentées à la Journée d'Études Coptes — tenue à Strasbourg avec l'aide du C.N.R.S. — constituent la plus grande partie de ce Cahier.

Nous avions convié à cette Journée le Président de l'Association Internationale d'Études Coptes, Peter Nagel, professeur à l'Université Martin Luther de Halle-Wittenberg; mais c'était plus d'un an avant l'ouverture du Mur de Berlin et il n'avait pu se joindre à nous. Nous sommes d'autant plus fiers de publier sa contribution et de rendre ainsi hommage à celui qui a si longtemps dû payer de sa personne pour maintenir et même développer les liens de la coptologie de la République Démocratique Allemande avec l'étranger.

Nous avons tenu à publier son article dans sa langue d'origine: c'est une première dans nos Cahiers.

Autre première, autre signe des temps: deux contributions ont pour auteurs des collègues de Saint-Pétersbourg. Pendant soixante-dix ans, on ne pouvait, ou on ne voulait voir dans la Russie que la vitrine d'un internationalisme prolétarien déchaînant les passions. La parenthèse s'est refermée, nous rappelant que ce pays a, au cours des siècles, apporté une contribution de tout premier ordre à l'édification de la culture européenne. Ce qui a l'air d'un réveil montre en fait que des savants de première force n'ont pas cessé, dans une ombre relative, de travailler, de former et de produire. Elanskaya est petite-fille de von Lemm; Kakovkine a pour aïeul de Bock.

La levée des barrières donne accès aux fabuleuses richesses des collections et des musées, nous plaçant devant une alternative: ou bien nous y précipiter, profiter du désordre et de l'anarchie pour les piller, ou bien fournir à nos collègues, bloqués par une situation désastreuse, les béquilles qui leur permettront de faire le chemin et de mettre eux-mêmes en valeur le précieux dépôt que l'histoire leur a confié. Pour nous, le choix est clair, et nous espérons pouvoir poursuivre, pas à pas — modestement, comme ici — dans cette voie de la solidarité culturelle européenne.

Strasbourg, décembre 1994.

Jean-Marc Rosenstiehl
(C.N.R.S. U.R.A. 186)

TABLE DES MATIÈRES

DESCRIPTION DES MANUSCRITS COPTES DE LA BIBLIOTHÈQUE NATIONALE PUBLIQUE «SALTYKOFF-CHTCHÉDRINE» DE SAINT-PÉTERSBOURG

par

Alla ELANSKAYA

Le département des manuscrits de la B.N. Publique conserve un fonds intéressant de manuscrits coptes rédigés en trois dialectes: sahidique, fayoumique et bohaïrique.

La base de ce fonds remonte au début du XIXe siècle lorsque sont arrivés à la B.N. les manuscrits de la collection Pierre Doubrowsky[1]. Au nombre des manuscrits orientaux offerts à la B.N. par Constantin Tischendorf dans la deuxième moitié du XIXe siècle se comptait aussi une série de manuscrits coptes. Un manuscrit est arrivé à la B.N. avec la collection de manuscrits de l'Académie Ecclésiastique. Trois manuscrits coptes appartenant à la Société des Amateurs des Lettres Anciennes[2] sont conservés à la B.N. avec les archives de cette Société. Un manuscrit fut acquis, dans un lot en différentes langues (slavon d'église, russe, grec, syriaque, arménien, géorgien, etc.) auprès de Porphyre Ouspiensky. Pour finir, il faut ajouter que la provenance de quelques manuscrits coptes reste inconnue[3].

* *Note de l'éditeur*: Paru en langue russe dans le Палестинский Сборник 20 (83), Léningrad, 1969, p. 4-20 (voir le compte rendu de Gérard Garitte dans *Le Muséon* 82, 1969, p. 533-536).

Nous remercions l'auteur ainsi que le professeur Karen Youzbachian [Yuzbašyan], président de la Société Palestinienne Orthodoxe à Saint-Pétersbourg d'avoir bien voulu nous autoriser à publier la présente traduction française.

Pour les manuscrits 12 (Dorn 625), 15 (Dorn 627) et 18 (Dorn 630) provenant – de l'avis de Dorn – d'une *collection Fourmont*, il est aujourd'hui indispensable de consulter la pénétrante étude de Heinzgerd Brakmann, «Renaudots "Pontificale Seguierianum", die "Fourmont"-Manuskripte in Leningrad und andere Coptica Coisliniana», *TESSERAE – Festschrift für Josef Engemann* [Jahrbuch für Antike und Christentum, Ergänzungsband 18], Münster/Westfalen, 1991, p. 406-415.

[1] P.P. Doubrowsky [Dubrovskiy] (1754-1816), célèbre collectionneur de livres et de manuscrits. Sur ce personnage, consulter, par exemple, les études de M.P. Alexéeff [Alekseev], *Catalogue des lettres et autres documents des savants et écrivains occidentaux des XVIe-XVIIe siècles du fonds P.P. Doubrowsky* [en russe], Léningrad, 1963 et *Lettres inédites d'écrivains étrangers des XVIIIe-XIXe siècles dans les fonds de manuscrits de Léningrad* [en russe], Moscou-Léningrad, 1960.

[2] S.A.L.A. [en russe: ОЛДП].

[3] En règle générale, l'origine d'un manuscrit, lorsqu'elle est sûre, est toujours indiquée.

Les manuscrits coptes de la B.N. sont répertoriés dans les catalogues suivants:

B. Dorn[4] (N°s 623-630),

H. Brugsch[5] (N°s 4 = C.n.s.[6] 4, N° 5 = C.n.s. 5, N° 13 = C.n.s. 6, N° 68 = C.n.s. 7, N° 65 = C.n.s. 8, N° 67 = C.n.s. 9, N° 63 = C.n.s. 11, N° 70 = C.n.s. 14, N° A = C.n.s. 12),

ainsi que dans l'inventaire du fonds Copte nouvelle série dressé par madame V. I. Yévguénova [Evgenova] (C.n.s. N°s 1-54).

Les manuscrits de la collection Tischendorf ont été sommairement décrits par O. von Lemm[7] qui en a publié la plus grande partie.

I. Les manuscrits sahidiques

Avec les manuscrits fayoumiques, les manuscrits sahidiques constituent la part la plus ancienne et la plus intéressante du fonds. La plus grande partie d'entre eux sont sur parchemin et ont été écrits entre la fin du premier et le début du deuxième millénaire (approximativement du IXe au XIe siècles).

1.

Dorn 623.

12 feuillets de papier.

Papier rugueux, blanc, avec des traces de brillance (réglure horizontale).

Dimensions: 19,6×28 cm.

Les feuillets ne sont pas numérotés.

22 à 24 lignes en moyenne par page.

Marges de 4 à 7 cm.

Hauteur des lettres: de 3 à 5 mm.

Encre brune.

L'écriture est tremblante, oblique, irrégulière. Les lignes montent d'une manière oblique, vers le haut à droite (angle de près de 20°).

Écrit au XVIIIe siècle, à en juger par l'écriture et le papier.

Le manuscrit contient un extrait du livre de *Josué* (XV, 7 - XVII, 1).

Provient de la collection Doubrowsky:

[4] Bernhard Dorn, *Catalogue des manuscrits et xylographes orientaux de la Bibliothèque Impériale Publique de Saint Pétersbourg*, Saint Pétersbourg, 1852.

[5] H. Brugsch, *Catalogue I. Manuscrits coptes* (catalogue manuscrit conservé à la B.N.).

[6] C.n.s. [en russe К.н.с.]: Copte, nouvelle série.

[7] Oscar von Lemm, *Bruchstücke der sahidischen Bibelübersetzung nach Handschriften der Kaiserlichen Öffentlichen Bibliothek zu St. Petersburg*, Leipzig, 1885.

Description et édition: O. von Lemm, *Bruchstücke...* (1885), p. V-VI et p. 1-8.

2.

Copte nouvelle série 49-50.

5 feuillets ainsi qu'une quantité de petits fragments.
Parchemin.
L'écriture possède les caractéristiques de celle de la fin du premier – début du deuxième millénaire.

Le manuscrit contient des extraits des Évangiles de *Matthieu* (XXVI, 65, 66; XXVII, 3-6, 11, 15-17, 23, 24, 37-40, 46, 47, 49-51, 57, 58; XXVIII, 1, 2, 3-5, 10, 11, 13), de *Luc* (XXIV, 1-7, 11-17, 19-25, 29-35, 39-44, 49-53), de *Jean* (I, 4-10, 13-17, 20-25, 29-33, 37-42, 45-50, 52; II, 1-8, 11-15, 19-24; II, 2-6, 9-15, 18-23, 27, 31, 34-36; IV, 1-5, 9-13, 18-22, 25-29, 35-38).

Rapporté d'Égypte, parmi d'autres manuscrits coptes, par Tischendorf en 1853.

Publié par von Lemm, *Bruchstücke...* (1885), p. VI-VIII et p. 9-24, sous l'appellation de *Codex Copticus Tischendorfianus I.*

3.

Copte nouvelle série 54.

Plusieurs petits fragments.
Parchemin.
L'écriture ressemble à celle du manuscrit précédent.

Il contient une partie du recueil *Kataméros* (grec: κατὰ μέρος, livres contenant des extraits de l'Écriture qu'il fallait lire certains jours bien définis, pendant l'office); dans notre cas précis, une partie des lectures pour le Carême, comme l'indique le titre conservé pour l'*Épitre aux Romains* XIII, 7-8 qui précise «*Quatrième jour de la semaine du saint jeûne de quarante jours. [Épitres] des Apôtres. [Aux] Romains*».

Le manuscrit contient aussi des extraits des Évangiles de *Matthieu* (IV, 6, 7; V, 33-36; VI, 6; XV, 12-14; XXIII, 10-12), de *Marc* (XIII, 35, 36), de *Luc* (XII, 33, 36, 39, 40) et des Épitres – *Romains* (I, 10-12; XIII, 7, 8), *Philippiens* (III, 17), *Éphésiens* (V, 16-21), *I Thessaloniciens* (V, 8-10), *Hébreux* (X, 34-36).

Le manuscrit donne à tort à l'extrait de l'*Épitre aux Philippiens* le titre de *Épitre aux Éphésiens* et c'est ainsi que le désigne von Lemm dans ses

Bruchstücke; dans sa publication des fragments restants du *Kataméros* (dans la *Zeitschrift*... voir référence ci-après) il a corrigé son erreur.

La provenance est inconnue.

Edition: O. von Lemm, *Bruchstücke*... (1885), p. XIX-XXIII et *idem*, «Sieben sahidische Bibelfragmente», *Zeitschrift für ägyptische Sprache und Altertumskunde*, 23, Leipzig, 1885, p. 19-22.

4.

Société des Amateurs des Lettres Anciennes F 144 (100).

Deux feuillets (en fait une seule grande feuille pliée en deux, provenant du milieu d'un cahier; le texte de la partie droite étant la suite directe de celui de la partie gauche).

Parchemin. Blanc d'un côté, jaune et granuleux de l'autre.

Dimensions: 25×32 cm.

Numérotation par page (comme dans les anciens manuscrits sahidiques – plus tard les manuscrits bohaïriques numérotent les feuillets): ⲗ̄ⲑ̄, ⲙ̄, ⲙ̄ⲁ̄, *et* ⲙ̄ⲃ̄ *(39, 40, 41 et 42).*

30 lignes par page.

Marges de 3,5 cm.

Lettres de 7 mm de haut.

Encre brune; initiales décorées de rouge.

L'écriture est arrondie, souple; l'épaisseur des lettres est égale (contrairement à l'écriture du manuscrit N° 6 ci-dessous où les lignes droites et fines se joignent par des points ayant la forme de boules).

Le manuscrit a été écrit au IXe siècle.

Il contient un extrait des *Proverbes de Salomon* (XI, 16 - XII, 13).

Il a été acquis en Égypte, en 1889, par Wladimir de Bock, conservateur du département du Moyen Age à l'Ermitage (avec les Nos 5 et 6, ci-dessous). Il en a fait don à la S.A.L.A. et, par la suite, avec les autres manuscrits de la S.A.L.A., ils ont rejoint la section des manuscrits de la B.N.

Edition: Oscar von Lemm, «Sahidische Bibelfragmente, I, fragment 1», *Bulletin de l'Académie Impériale des Sciences de Saint Pétersbourg*, nouvelle série I (XXXIII), 1890, p. 259-262 (et aussi *Mélanges Asiatiques tirés du Bulletin de l'Académie Impériale des Sciences de Saint Pétersbourg*, tome X,1, p. 7-10.

5.

Société des Amateurs des Lettres Anciennes F 143 (99).

Un feuillet.

Parchemin. Blanc d'un côté, jaunâtre et un peu granuleux de l'autre.

Dimensions: 28×36 cm.
Pagination: ⲣⲙⲑ *(149) et* ⲣⲛ *(150).*
Texte écrit sur deux colonnes de 34 lignes.
Marges de 2 cm.
Hauteur des lettres: 7 mm.
Réglure tracée à la pointe sèche.
L'encre est de couleur brune, délavée.
L'écriture est jolie, lisible, arrondie, avec des pleins et des déliés; elle évoque celle du manuscrit Borgia 101 dont la photo est publiée dans l'album d'Hyvernat[8].
*Le manuscrit semble avoir été écrit au X*e *siècle.*

Il contient un fragment de l'*Évangile de Jean* (X, 8-29).

Même origine que le manuscrit précédent.

Édition: Oscar von Lemm, «Sahidische Bibelfragmente, I, fragment II» ..., 1890, p. 263-264 (et aussi *Mélanges Asiatiques...*, tome X, 1, p. 11-12).

6.

Société des Amateurs des Lettres Anciennes Q 209.

Un feuillet.
Parchemin. Jaune clair, lisse.
Dimensions: 17,5×22 cm.
Pagination: ϥⲑ *(99) et* ⲣ *(100).*
Au recto 21 lignes, au verso 22.
Marges de 1 à 1,5 cm.
Hauteur des lettres: 7 mm.
Encre brune.
L'écriture est belle, fine, égale, lisible; caractéristique: les lignes verticales fines s'épaississent au bout. Le type de l'écriture est le même que celui du manuscrit Borgia 108[9] *et rappelle l'écriture des manuscrits du Musée britannique Or. 7021*[10]*, 6787, 6783, 7027*[11].
*Cette écriture remonte probablement au IX*e *siècle.*

Le texte est un fragment de l'*Évangile de Jean* (XII,48 - XIII,9).

L'origine est la même que celle des numéros 4 et 5.

Edition: O, von Lemm, «Sahidische Bibelfragmente I, fragment III» ..., 1890, p. 265-266 (et aussi *Mélanges Asiatiques...*, tome X,1, p. 13-14).

[8] Henri Hyvernat, *Album de Paléographie copte*, Paris-Rome, 1888, planche XIII, 1.

[9] H. Hyvernat, *Album...*, planche XIII, 2.

[10] E.A.W. Budge, *Miscellaneous Coptic Texts in the Dialect of Upper Egypt*, London, 1915, pl. XXV.

[11] E.A.W. Budge, *Coptic Martyrdoms etc. in the Dialect of Upper Egypt*, London, 1914, pl. VIII, XIII, XXII.

7.

Copte nouvelle série 43.

(voir figure 1)

5 fragments de 4 feuillets.
Parchemin. jaune, sec et fragile.
Encre noire avec des reflets bruns.
Date: sur le fragment du troisième feuillet est écrit: 669 ère de Dioclétien (= 953 de notre ère).

Ces fragments appartiennent à des légendes sur les saints (il y est question d'Eustathe, de Théognoste et de Côme).

Le manuscrit provient de la Collection Tischendorf; O. von Lemm, *Bruchstücke...*, 1885, p. XII, l'a désigné sous le nom de *Codex Copticus Tischendorfianus III*.

Edition: Oscar von Lemm, *Iberica* [Mémoires de l'Académie Impériale des Sciences de Saint-Pétersbourg, VIIIe série, Classe historico-philologique, tome VII, N° 6], 1906 (avec 2 planches).

8.

Copte nouvelle série 12-42.

(voir figures 2 et 3)

Plusieurs feuillets entiers et près de 300 fragments.
Parchemin. jaune, extraordinairement sec et fragile.
Dimensions: 13×16 cm.
Il y a une pagination depuis le premier feuillet conservé (p. 63) jusqu'à la page 106. Puis la pagination s'interrompt, mais on peut la restituer[12].
Le texte est écrit sur deux colonnes de 32 lignes en moyenne.
Hauteur des lettres: près de 4 mm.
Encre noire avec des reflets bruns.
L'écriture est caractéristique de l'époque du tournant du premier au deuxième millénaire[13].

Le manuscrit est une partie d'un codex qui contenait une *Homélie sur l'archange Michel* (il en reste la fin, p. 63-77) et le *Martyre de saint Victor* (p. 78-[134]).

[12] Pour une description détaillée, voir A. Elanskaya, «Les manuscrits coptes...», *Palestinskiy Sbornik* 20 (83), p. 23 [en russe].

[13] Comparer, par exemple, Maria Cramer, *Koptische Paläographie*, Wiesbaden, 1964, planches 19-21, 23, 25, 28.

Fig. 1. — N° 7 (C.n.s. 43), fol. 3r-v et fol. 4.

Fig. 2. — N° 8 (C.n.s. 21-42). Page $\overline{\text{οθ}}$ (= 79), deuxième page du *Martyre de saint Victor*.

Fig. 3. — N° 8 (C.n.s. 21-42). Page ⲡ̅ (= 80), troisième page du *Martyre de saint Victor*.

Fig. 4. — N° 9 (C.n.s. 44-45), fol. 6v et 3r.

O. von Lemm, *Bruchstücke*..., 1885, p. VIII-IX, a donné à ce manuscrit la désignation de *Codex Copticus Tischendorfianus II*.

Editions: les quatre premières pages de l'*Homélie sur l'archange Michel* ont été publiées en 1912 par O. von Lemm, «Die Thalassion-Legende bei den Kopten»[14]. Edition de l'ensemble du texte de cette homélie par A. Elanskaya, «Un manuscrit inédit de la Collection de la Bibliothèque Nationale publique «Saltykoff-Chtchédrine» (Copte, nouvelle série N° 15-21)», *Palestinskiy Sbornik* 9 (72), 1966, p. 43-66 [en russe]. Le *Martyre de saint Victor est publié* par A. Elanskaya, «Les manuscrits coptes...», *Palestinskiy Sbornik* 20 (83), 1969, p. 21-95 [en russe].

9.

Copte nouvelle série 44-45.

(voir figure 4)

Une multitude de petits fragments.
Parchemin. jaune, sec et très fragile.
L'écriture est caractéristique de la fin du premier – début du deuxième millénaire.

Le manuscrit contient des fragments d'un *panégyrique d'Athanase d'Alexandrie*, le célèbre archevêque du IVe siècle, dont l'auteur n'est pas connu.

Dans son édition partielle, O. von Lemm, *Bruchstücke*..., 1885, p. XII-XVI, le désigne comme *Codex Copticus Tischendorfianus IV* .

Edition: O. von Lemm, *Koptische Fragmente zur Patriarchengeschichte Alexandriens*, [Mémoires de l'Académie Impériale des Sciences de Saint Pétersbourg, VIIe série, tome XXXVI, N° 11], 1888, p. 1-46. Après avoir comparé le manuscrit avec la publication du texte du même *encomium* d'après des manuscrits de Turin, il en a réédité une partie (les fol. 5r a.b.; 6v a.b.; 7v a.b.; 8r a.b.; 8v a.b.; 3r a-b): O. von Lemm, «Kleine koptische Studien, LVII», *Mémoires de l'Académie Impériale des Sciences de Saint-Pétersbourg*, VIIIe série, Classe historico-philologique, tome XI, N° 4, 1912, p. 104-110 (une planche après la p. 146) (reprint dans les *Subsidia Byzantina*, Volumen X, Leipzig, 1972, p. 638-644, planche après la p. 680).

[14] In J. Schick, *Das Glückskind mit dem Todesbrief – orientalische Fassungen* [Corpus Hamleticum – Hamlet in Sage und Dichtung, Kunst und Musik, 1. Abteilung, 1. Band], Leipzig, 1912, p. 365-373.

II. Les manuscrits fayoumiques

Étant donné la quantité relativement petite de manuscrits en dialecte fayoumique conservés dans les fonds coptes des collections, chaque manuscrits fayoumique présente en soi un grand intérêt. De plus, les textes fayoumiques — tout comme la grande majorité des textes sahidiques, akhmimiques et subakhmimiques (contrairement aux textes bohaïriques qui sont, en règle générale, des textes tardifs transmis par l'Église) appartiennent à l'époque de l'épanouissement de la littérature copte, où le copte était encore une langue vivante utilisée par la population de l'Égypte.

La B.N. possède deux manuscrits fayoumiques qui ont tous deux pour origine la collection Tischendorf.

10.

Copte nouvelle série 46-48.

Fragments de 9 feuillets.
Parchemin jaune, sec et fragile.
Écriture caractéristique de la période de transition du premier au deuxième millénaire.

Le manuscrit contient des *Actes Apocryphes des Apôtres (Barthélémy, Philippe, André* et *Matthieu).*

Désigné par O. von Lemm, *Bruchstücke...*, p. XVI-XVIII comme *Codex Copticus Tischendorfianus VI.*

Edition: O. von Lemm, «Koptische apokryphe Apostelacten I», *Bulletin de l'Académie Impériale des Sciences de Saint Pétersbourg*, N.S. t. I (XXXIII), 1890, p. 513-515 (et aussi *Mélanges Asiatiques...*, tome X,1, p. 99-171). Le fragment n° 5 est republié dans O. von Lemm, «Kleine koptische Studien, IX», *Bulletin...*, N.S. X, N° 5, 1899, p. 433-434 (reprint dans *Subsidia Byzantina* X, p. 31-32).

11.

Copte nouvelle série 53.

(voir figures 5 et 6)

Fragments de 5 feuillets.
Parchemin jaune, extrêmement sec et fragile.
Écriture caractéristique de la fin du premier – début du deuxième millénaire.

Fig. 5. — N° 11 (C.n.s. 53) fol. 1r. *Evangile de Marc* XIV, 35-47.

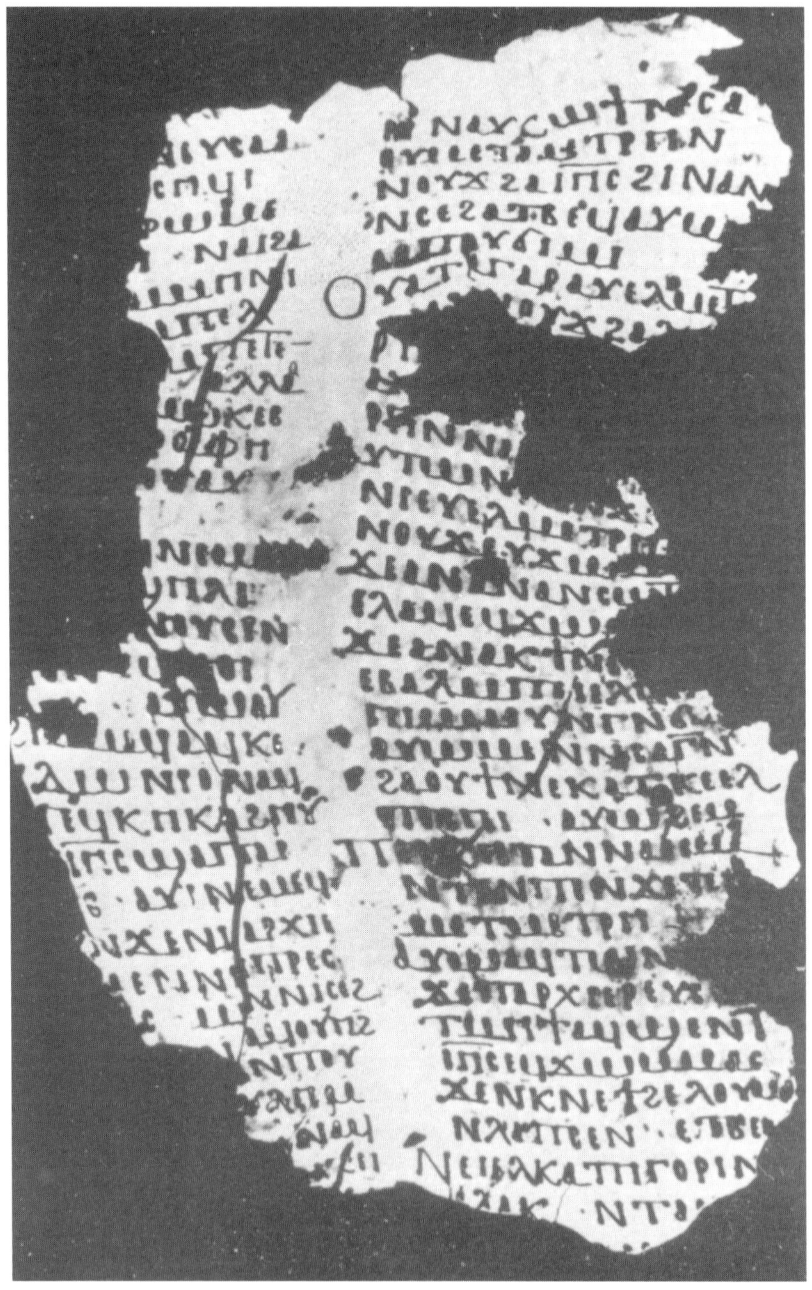

Fig. 6. — N° 11 (C.n.s. 53) fol. 1v. *Evangile de Marc* XIV, 48-61.

Le manuscrit contient la fin de l'*Évangile de Marc*.

Appelé par O. von Lemm, *Bruchstücke*... (1885), p. XVI, *Codex Copticus Tischendorfianus V*. Il n'avait à l'époque identifié qu'un seul feuillet de ce manuscrit. Plus tard, ayant découvert deux autres feuillets (plus précisément des fragments de deux feuillets) ainsi qu'un petit fragment (dont on peut affirmer aujourd'hui qu'il provient du cinquième feuillet) il édita l'ensemble: O. von Lemm, «Mittelägyptische Bibelfragmente», *Études archéologiques, linguistiques et historiques dédiées à M. le docteur C. Leemans*, Leyde, 1885, p. 95-102.

Parmi les fragments non identifiés de la B.N., j'ai découvert encore un feuillet presque entier et quelques dizaines de fragments qui permettent de compléter considérablement (et par endroit même de corriger) l'édition de von Lemm. Voir l'édition de l'ensemble dans A. Elanskaya, «Les manuscrits coptes...», *Palestinskiy Sbornik* 20 (83), p. 96-120.

III. Les manuscrits bohaïriques.

Les manuscrits en dialecte bohaïriques constituent la plus grande partie des manuscrits coptes de la B.N. Ce sont des manuscrits tardifs (postérieurs au XIIe siècle), écrits pour la plupart aux XVIIe-XVIIIe siècles, sur papier, principalement destinés à l'usage liturgique.

12.

Dorn 625.

92 feuillets.

Papier, lisse, jaunâtre, glacé.

Assemblés dans une reliure cartonnée (probablement du XVIIe siècle) dont les côtés extérieurs sont décorées d'un dessin à l'encre rouge représentant trois doubles cercles concentriques avec 19 rayons partant du centre.

Dimensions: 16×21,5 cm.

En moyenne 18 lignes par page.

Marges: 3 cm.

Hauteur des lettres: 4 mm.

Signes de séparation en rouge. Dans les marges se rencontrent des vignettes rouge et noir avec des ornementations végétales.

Le manuscrit provient de Doubrowsky, qui le tenait lui-même de la collection Fourmont[15]*. Sur la page de garde se trouve le sigle d'inventaire de ce dernier: F. 8 (=* Fourmont 8*). Sur la deuxième page de garde, au haut et au bas, la*

[15] Voir ci-dessus, note de l'éditeur et note 1.

*signature habituelle de Doubrowsky («*Ex Musaeo Petri Dubrowsky*»). Les trois premiers feuillets manquaient déjà quand le manuscrit est venu en Europe, et le début manquant a donc dû être retranscrit à cette époque par un copiste copte qui a décoré ensuite le texte au moyen d'une vignette représentant une tresse rouge et noire (la décoration de la reliure a probablement la même origine).*

Ainsi les six premières pages ont été écrites au XVIIe siècle. Mais le manuscrit lui-même est considérablement plus ancien et appartient au XIIe ou au XIIIe siècle.

Encre noire.

L'écriture est belle, du même type que celle du manuscrit Vatican Copte 9 (Hyvernat, Album..., *L), avec une graphie caractéristique des lettres* ϒ *et* ⲙ *qui rappelle un peu l'écriture du manuscrit Hunt 17 de la Bodléienne*[16] *daté de 1175. Malheureusement, ni dans la* Paläographie *de M. Cramer*[17] *ni dans celle de Stegemann*[18] *où les manuscrits tardifs ne sont pratiquement pas représentés (la dernière période, XIIe-XIVe siècles n'est illustrée que par quatre exemples) il n'y a d'exemplaires plus proches.*

Le texte copte est accompagné d'une traduction arabe. A la fin se trouve le titre, en grec: «*Apocalypse de saint Jean Théologien et Évangéliste. Dans la paix. Amen.*» suivi d'un colophon en bohaïrique: «*Seigneur, aie pitié de ton serviteur, le plus misérable et le plus (grand) pécheur parmi tous les hommes, qui a écrit (ceci). Que toutes les langues s'écrient 'Amen! Qu'Il soit béni! Amen!*»

Inédit.

13.

Dorn 624.

30 feuillets.

Papier jaunâtre, glacé (réglure verticale).

Dimensions: 25×32 cm.

Les feuillets sont numérotés au verso en haut à gauche; les chiffres n'indiquent pas les feuillets, mais les pages; il n'y a donc que des chiffres pairs: ϒⲃ *(402),* ϒⲇ *(404), les derniers* ϒⲛⲏ *(458) et* ϒⲝ *(460).*

26 lignes en moyenne par page.

Marges de 4 cm.

[16] Maria Cramer, «Elf unveröffentlichte koptisch-arabische Codices der Österreichischen Nationalbibliothek zu Wien», *Études de Papyrologie*, t. VIII, Le Caire, 1957, fig. 36b.

[17] Maria Cramer, *Koptische Paläographie*, Wiesbaden, 1964.

[18] Viktor Stegemann, *Koptische Paläographie*, [Quellen und Studien zur Geschichte und Kultur des Altertums und des Mittelalters, Reihe C Hilfsbücher, Band 1], Heidelberg, 1936.

Hauteur des lettres: 4 mm.
Encre noire avec des reflets brunâtres.
Le manuscrit a été écrit probablement aux XIIe-XIIIe siècles. Il rappelle le codex maresc. 23 de la Bodléienne (Hyvernat, Album..., *LII, 2) et, un peu moins, le codex copt. 6 de la B.N. de Vienne (Cramer,* Elf unveröffentlichte..., *fig. 36f).*

Il contient une partie de l'*Évangile de Jean* (I-X, 25).

Sur la première page, sous la vignette en forme de tresse noire et rouge, il y a un titre en arabe et en grec: «*Saint Évangile selon Jean*». Les trois premières lignes sont exécutées à l'encre rouge, ensuite il y a deux lignes en couleurs (rouge et noir) et ainsi de suite jusqu'à la fin de la première page. Plus loin le texte est écrit à l'encre noire.

Le manuscrit provient de la collection Doubrowsky.

Inédit.

14.

Dorn 626.

16 feuillets, cousus en cahier. Le cahier est assemblé dans une reliure de cuir, avec des dorures estampées, datant probablement de la fin du XVIIIe siècle.
Papier glacé blanc un peu jaunâtre (réglure verticale).
Dimensions: 14,6×15,5 cm.
Les feuillets sont numérotés au verso, en chiffres grecs, de 1 à 16.
En moyenne 13 lignes par page.
Marges: 2 cm.
Hauteur des lettres: 4 mm.
Encre noire avec des reflets brunâtres.
L'écriture est la même que la première des écritures du manuscrit Dorn 628[19] *et le manuscrit a donc été écrit au début du XVIIe siècle. La forme de l'*alpha *initial, représentant un oiseau (relié au* γ*) est à relever:* 

Le manuscrit contient la description d'un office pour la cérémonie du mariage, en arabe; les textes coptes prononcés par l'officiant sont accompagnés d'une traduction arabe. Ce sont des extraits de la *Première Épître aux Corinthiens* (I, 2-10), des *Psaumes* (CXXXIV, 11-12), de l'*Évangile de Jean* (I, 1-17) et une série de *Prières*.

Le manuscrit provient de la collection Doubrowsky.

Inédit.

[19] Voir plus loin, au N° 16.

15.

Dorn 627.

(voir figure 7)

60 feuillets. Reliés de cuir rouge au XVIIIe siècle.

Papier lisse, jaune, glacé.

Dimensions: 19×26,7 cm.

Les feuillets sont numérotées au verso en chiffres coptes de ⲅ̄ *(3) à* ⲛ̄ⲅ̄ *(53) puis, plus loin, en chiffres grecs, de 1 à 7.*

En moyenne 23 lignes par page.

Marges: 4,5 cm.

Hauteur des lettres: 3 mm.

Encre noire et et rouge; les sept premières pages sont écrites entièrement à l'encre rouge (seule la traduction arabe est écrite à l'encre noire); par la suite, certaines parties sont écrites à l'encre rouge, plus ou moins sur chaque page.

Le frontispice est extrêmement joli, dans le style arabe. Une forme géométrique florale est peinte en couleurs bleu marine, vert et doré.

Avant le texte se trouve une vignette dorée contenant le titre en arabe: «Ordination du patriarche de la ville d'Alexandrie». *Sur la première page les signes de séparation sont en forme de fleurs à 8 pétales.*

Le manuscrit a été écrit probablement aux XIIIe-XIVe siècles et son écriture évoque les codices Vat. copt. 6 (Hyvernat, Album…, *LIII, 2) et 16 (*Ibidem, *LIII, 1; Cramer,* Paläographie…, *planche 86), Musée britannique Add. 5997 (Cramer,* Elf unveröffentlichte…, *fig. 36c) et Bodléienne Marshall Or. 6 (Cramer,* Paläographie…, *planche 79).*

Le manuscrit provient de la collection Doubrowsky. Au frontispice de la première page de la couverture se trouve le sigle «F. 1» (= Fourmont 1) ainsi qu'un cachet de cire.

Il contient le rituel d'ordination du Patriarche d'Alexandrie[15].

16.

Dorn 628.

10 feuillets cousus en cahier relié de la même façon que le manuscrit Dorn 626[20]*. Les deux premiers feuillets ont été rajoutées au moment de la reliure.*

Papier jaunâtre glacé. Réglure verticale.

Dimensions: 15×19,7 cm.

Les feuillets sont numérotés en haut à gauche au verso en chiffres grecs de 18 à 21, suivis immédiatement de 81 à 94 (le premier feuillet, sans texte, ainsi que le dernier, dont le verso est sans texte, ne sont pas numérotés). Par conséquent on n'a conservé que le début (partiellement seulement) et la fin du manuscrit, alors que la partie centrale (59 feuillets) manque.

En moyenne 13 lignes par page.

[20] Voir plus haut au N° 14.

Fig. 7. — N° 15 (Dorn 627) fol. 1r.

Marges: plus de 2 cm.

Hauteur des lettres: 5 mm.

Encre noire avec des reflets brunâtres.

Le manuscrit présente deux écritures. La première est la même que celle du manuscrit Dorn 626 (la deuxième est plus grossière et maladroite).

Sur la dernière page est indiquée la date de l'exécution du manuscrit – au mois de Thoout 1335 (chiffres grecs) de l'ère des Martyrs ce qui correspond à septembre 1619 (ou au mois de chavâl 1028ᵉ année de l'Hégire).

Le manuscrit est une liturgie de Veille de Carême. Description de l'ordre liturgique en arabe; les lectures en copte sont accompagnées d'une traduction en arabe. Il s'agit d'extraits de l'*Épître aux Ephésiens* (V, 22-28), de la *Première Épître aux Corinthiens* (VII, 12), de l'*Évangile de Luc* (X, 38-42), et des *Psaumes* (XVIII, 6; XCIV, 11).

Le manuscrit provient de la collection Doubrowsky.

Inédit.

17.

Dorn 629.

76 feuillets assemblés dans une reliure en cuir ancienne, brun foncé, avec un décor irrégulier de facture grossière.

Papier jaune et lisse.

Dimensions: 12,5×16 cm.

Les feuillets sont numérotés en chiffres grecs à droite en haut, au recto. Dernier chiffre: 78 – sur le 75ᵉ feuillet.

En moyenne 14-15 lignes par page.

Marges: 3 cm.

Hauteur des lettres: 3 mm.

Le frontispice et la première page du texte se sont effacés réciproquement.

Encre noire avec un léger reflet brunâtre.

Ecriture du même type que le manuscrit Dorn 627[21].

Les initiales rappellent celles du Codex Vat. Copt. 2 (Cramer, Koptische Paläographie..., *planche 87). Les dessins dans les marges en forme de végétaux, d'oiseaux, ainsi que l'*alpha *initial en forme d'oiseau rappellent l'*alpha *du Codex de la B.N. Vienne Copt. 3 (Cramer,* Elf unveröffentlichte..., *fig. 35; Cramer,* Koptische Paläographie..., *planche 88) et le Vat. copt. 20 (Hyvernat,* Album..., *LIV, 2):*

Au frontispice, un beau dessin géométrique en forme de cercles de couleurs noir, or, rouge et bleu marine.

Le manuscrit a été écrit selon toute probabilité au XIVᵉ siècle.

[21] Voir plus haut Nº 15.

Il contient des extraits de l'*Anaphore de saint Basile*.

Sur la page 76, vierge (et pour cette raison privée de pagination), une autre main, bien postérieure, a fait un complément en écrivant une prière pour le repos de l'âme «*de l'évêque Papa Abba Jean*». Le texte copte est accompagné d'une traduction arabe.

Le manuscrit provient de la collection Doubrowsky (sur la première feuille blanche, il y a sa marque habituelle).

Inédit.

18.

Dorn 630.

78 feuillets non paginés. Assemblés dans une reliure en cuir ancienne. Papier jaune, lisse et bien serré.

Dimensions: 12,4×15,8 cm.

En moyenne 16 lignes par page.

Marges: un peu plus de 2 cm.

Hauteur des lettres: 3 mm.

*La partie la plus ancienne, la fin (ff. 63-75), a été écrite aux XIII*e*-XIV*e *siècles.*

Encre noire avec des reflets brunâtres.

Écriture du même type que celle des manuscrits Dorn 627 et 629[22].

*Le commencement (ff. 2-61 – le texte commence sur le deuxième feuillet, après la vignette; le feuillet 62 est blanc) a été écrit plus tard, probablement aux XVI*e*-XVII*e *siècles.*

*Vignette en forme d'arc tressé, en bas. On rencontre l'*alpha *initial en forme d'oiseau:* 

Le texte copte est accompagné d'une traduction arabe.

Le manuscrit contient les règles concernant la consécration des fonts baptismaux, la bénédiction de l'autel et l'ordination d'un Hégoumène rédigées par Abba Pierre, évêque de Behnès (Oxyrhynque). Il n'y a pas de titre particulier. Le début du texte est le suivant: «*Canon qu'a établi notre saint Père Abba Pierre, évêque de la ville de Pemdjé (Oxyrhynque) relatif aux nouveaux fonts baptismaux, quand on les consacre après les avoir bellement édifiés du côté Ouest de la partie droite de l'église*».

Le manuscrit provient de la collection Doubrowsky, après avoir appartenu à Fourmont[15]. Les deux premiers feuillets ont été insérés plus

[22] Voir ci-dessus les numéros 15 et 17.

tardivement. Sur le premier feuillet se trouve la marque «F. 10» (= Fourmont 10) et plus loin est ajouté «n° 269» (numéro d'inventaire); au verso se trouve une description due à Fourmont ainsi que son cachet de cire.

Inédit.

19.

Copte nouvelle série 1.

79 feuillets.

Papier fort, jauni. les quatre derniers feuillets, d'un papier plus blanc et dont l'écriture provient d'une autre main, ont été ajoutés plus tard. La fin manque.

Le manuscrit a été réuni après son arrivée à la B.N. dans une reliure cartonnée avec des dorures estampées sur le dos. Armoiries, avec les lettres russe И.Ъ *(=* Bibliothèque Impériale*), et titre:* «Liber precationum arab.-copt.»

Dimensions: 11×16,5 cm.

Pas de numérotation.

En moyenne 11 lignes par page.

Marges: 1,5 cm.

Hauteur des lettres: 4 mm.

Encre noire avec des reflets brunâtres.

Vignettes, titres et caractères à l'initiale à l'encre rouge.

Ecriture en gros du même type que Copte nouvelle série 8; le manuscrit aurait donc été écrit aux XVIIe-XVIIIe siècles.

Le texte principal est en arabe (le livre se présente donc «à l'envers», dans l'ordre arabe), avec des passages intercalés en coptes.

Le manuscrit contient la cérémonie de la Bénédiction des Huiles.

Il donne des extraits des Évangiles de *Matthieu* (VI, 14-17; XV, 21-28) et de *Luc* (XV, 3-10), de la *Première épitre à Timothée* (I, 3-4) et des *Psaumes* (VI, 2-3; XXIV, 18-20; XXXVIII, 2-3; LI, 3-4; CI, 2-3).

Le manuscrit provient de la collection Doubrowsky.

Inédit.

20.

Copte nouvelle série 2.

32 feuillets.

Papier fort, blanc (réglure verticale). Relié après son entrée à la B.N., cartonné, dorures estampées au dos, exactement comme le précédent, avec le même titre.

Sur la première page (sans texte), une note: «N° DCXXX» *(chiffre indiquant la salle de dépôt).*

Vignettes de type géométrique avec, en bas, des gradins, en haut dans les coins des fleurons; divisées en carrés ou en losanges remplis de petits cercles ou de petites croix. Le signe de fin est triangulaire, composé de petits cercles.
Dimensions: 14×20,5 cm.
Les feuillets ne sont pas numérotés.
Sur une page en moyenne 15 lignes.
Marges: 1,5 cm.
Hauteur des lettres: 5 mm.
Encre noire avec des reflets brunâtres.
L'écriture est semblable à celle du Copte nouvelle série 3[23].
Le manuscrit a été écrit probablement au XVIIe-XVIIIe siècles.

Le texte principal concerne la cérémonie de la Bénédiction des Huiles; il est en arabe (le livre est donc dans l'ordre inversé, le commencement est au bout) avec des passages intercalés en copte.

Il contient des extraits de l'*Évangile de Matthieu* (VI, 14-17) et des *Psaumes* (VI, 2-3; XXXVIII, 2-3; CII, 2.4) ainsi que sept *Prières*.

Le manuscrit provient de la collection Doubrowsky.

Inédit.

21.

Copte nouvelle série 3.

6 feuillets.
Le début et la fin manquent.
Papier moyennement fort, clair. Même reliure que les deux précédents (Copte nouvelle série 1 et 2).
Dimensions: 12×19 cm.
Les feuillets ne sont pas numérotés.
Sur une page en moyenne 13 lignes.
Marges: près de 2 cm.
Hauteur des lettres: 5 mm.
Encre noire avec des reflets brunâtres.
Titre et ponctuation exécutés à l'encre rouge. Sur le dernier feuillet, le signe final est composé de cercles noirs des points rouges au centre qui se propagent vers les quatre coins.
L'écriture est la même que celle du Copte nouvelle série 3[24].
Le texte principal est en arabe (il commence donc à la fin et va vers le commencement).

En copte, il y a des extraits de l'*Épître aux Éphésiens* (III, 13-14) et du *Psaume* VI (verset 2 et début du verset 3).

[23] Voir ci-dessous au numéro 21.
[24] Voir ci dessus, numéro 20.

Le manuscrit contient un extrait de la cérémonie de la Bénédiction des Huiles.

Il provient probablement aussi de la collection Doubrowsky.

Inédit.

22.

Copte nouvelle série 4.

(voir figures 8 et 9)

10 feuillets.

Papier blanc, glacé (réglure verticale). Reliure ancienne en carton (de la même époque que le manuscrit, probablement).

Dimensions: 8×11 cm.

Les feuillets ne sont pas numérotés.

Sur les pages où il n'y a pas de vignette ni de signe de fin il y a à peu près 10 à 16 lignes.

Pas de marge.

Hauteur des lettres: 5 mm.

Encre noire avec reflets brunâtres.

Vignettes et initiales rouges.

Ecriture peu soignée et maladroite (même écriture que Copte nouvelle série 5[25]). Les vignettes (de type géométrique), les signes de fin (représentations d'oiseaux) et les initiales (oiseaux ou personnages) sont dessinés grossièrement et maladroitement. On trouve beaucoup de fautes d'orthographe.

Écrit probablement aux XVIIe-XVIIIe siècles.

Le texte est entièrement en copte.

Il contient un recueil d'hymnes à la gloire de la Nativité et de la Théotokos. Le colophon en arabe contient des prières; mais le nom du copiste a été effacé; les traces qui subsistent peuvent provenir du nom de «Jean» (*«Protège, ô Seigneur, ton serviteur [Jean ?]»*).

Inédit.

23.

Copte nouvelle série 5.

16 feuillets.

Papier blanc, fort, glacé. Reliure en carton, apparemment du XIXe siècle.

Dimensions: 8,5×12 cm.

Les feuillets ne sont pas numérotés.

Sur une page il y a de 11 à 16 lignes.

Pas de marge.

[25] Voir ci-dessous, numéro 23.

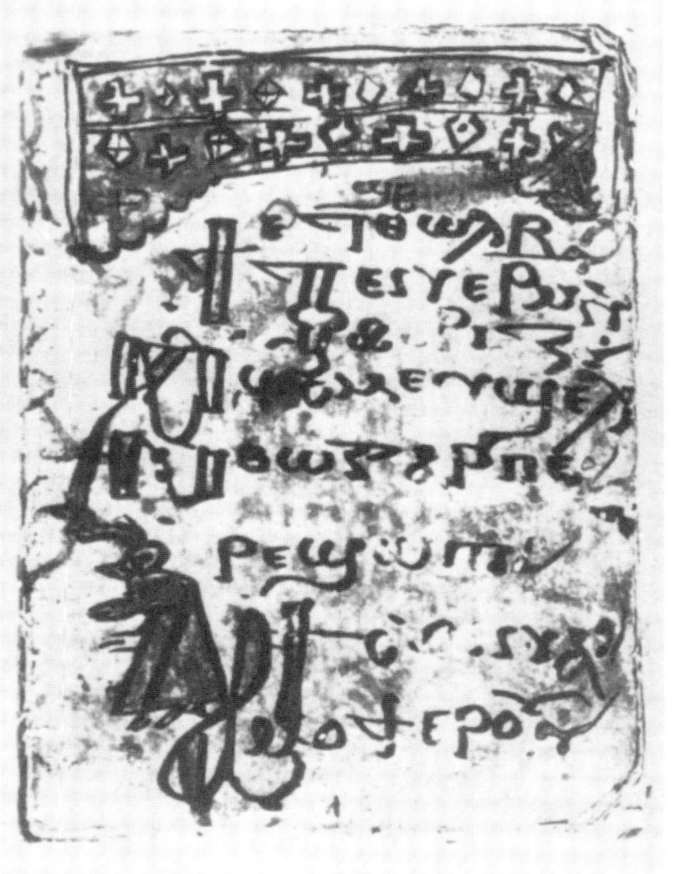

Fig. 8. — N° 22 (C.n.s. 4) fol. 1.

Fig. 9. — N° 22 (C.n.s. 4) fol. 2.

Hauteur des lettres: 3 mm.

Encre noire avec des reflets brunâtres.

Les titres sont écrits avec de l'encre rouge, les vignettes et les initiales avec de l'encre noire et rouge. Le dessin des vignettes est de type géométrique. Grille à gradins avec des cercles dans des carrés. En haut toute une série de croix.

L'écriture est peu soignée et maladroite (la même que Copte nouvelle série 2[26]). On trouve des fautes d'orthographe.

Le manuscrit porte comme titre: ⳨ⲇⲟⲝⲟⲗⲟⲅⲓⲁ ⲛⲭⲟⲥ ⲃⲁⲧⲟⲥ *«Doxologie (δοξολογία) sur le ton des "ronces" (βάτος)»* et contient la glorification des saints.

Inédit.

24.

Copte nouvelle série 6.

8 feuillets. Le début et la fin manquent.

Papier fort, blanc (du même type que Copte nouvelle série 7 mais plus clair et apparemment mieux conservé).

Même reliure que Copte nouvelle série 5.

Dimensions: 11×15,5 cm.

Les feuillets ne sont pas numérotés.

Sur une page en moyenne 15 lignes.

Marges: 2 cm.

Hauteur des lettres: de 2 à 3 mm.

Encre noire avec des reflets brunâtres.

Écrit probablement aux XVIIe-XVIIIe siècles.

Contient un extrait de l'Office du Dimanche des Rameaux.

Le texte principal est en copte, mais les titres sont en arabe (écrits à l'encre rouge), occupent beaucoup de place et vont du début vers la fin). La description du déroulement de l'Office est en arabe et les prières sont en copte.

Le texte copte des lectures est accompagné d'une traduction arabe. Il s'agit d'extraits de l'*Évangile de Luc* (traduction altérée de XIX, 8-9) et du livre du prophète *Isaïe* (XL, 8-31); à la fin, doxologie à la sainte Trinité.

Inédit.

25.

Copte nouvelle série 7.

90 feuillets. Assemblés dans une reliure de cuir ancienne, remontant à l'époque où le manuscrit a été écrit. Quelques feuillets déchirés au milieu. Papier glacé, fort, clair.

[26] Voir ci-dessus numéro 20.

Dimensions: 11×16,5 cm.

Les feuillets sont numérotés en haut à gauche au verso (comme c'est le cas habituel des manuscrits bohaïriques religieux); la première page porte le numéro 5 (en chiffre copte), l'avant dernière 96 (la dernière n'est pas numérotée, n'ayant plus de texte).

Sur une page en moyenne 14 lignes.

Marges: 2 cm.

Hauteur des lettres: 3 mm.

Encre noire avec des reflets brunâtres.

La vignette, exécutée dans la même encre, est à l'image d'une tresse à gradins sous forme de croix rappelant un peu la vignette du manuscrit de la planche 91 de Cramer, Koptische Paläographie..., *mais plus primitive et plus grossière.*

Le manuscrit semble avoir été écrit au XVIIIe *siècle.*

Le texte principal est en copte – il commence donc devant et se termine derrière –, il est accompagné d'une traduction en arabe et d'explications.

Il contient l'*Anaphore de saint Basile*: **ⲑⲁⲅⲓⲟⲛ ⲛⲭⲟⲗⲟⲅⲓⲟⲥ** (εὐχολόγιον) **ϯⲁⲛⲁⲫⲟⲣⲁ ⲙ̇ⲡⲓⲁⲅⲓⲟⲥ ⲃⲁⲥⲓⲗⲓⲟⲥ** *«Sainte Euchologie, Anaphore de saint Basile»*.

Inédit.

26.

Copte nouvelle série 8.

(Voir figure 10)

163 feuillets.

Papier glacé (réglure verticale, presque effacée).

Reliure ancienne en cuir, datant apparemment de la même époque que l'écriture du manuscrit. Les deux couvertures extérieures sont ornées d'un décor estampé. Au milieu, dans un rectangle, un dessin ressemblant à quatre grappes de raisins.

Dimensions: 15×20 cm.

Les feuillets sont numérotés en haut à gauche au verso. Le premier feuillet écrit porte le numéro ⲅ̅ *(3); avant ce premier feuillet écrit se trouve un feuillet blanc, vierge et sans numérotation. Avant le premier feuillet inscrit il y avait apparemment deux autres feuillets avec des titres. Suite au feuillet numéroté* ⲣ̅ⲛ̅ⲇ̅ *(154) se trouve un feuillet non paginé au verso duquel un colophon nous livre la date de 1477 (= 1761 A.D.).*

Sur une page en moyenne 16 à 18 lignes.

Marges: à peu près 3 cm.

Hauteur des lettres: 5 mm.

Au début il y a une vignette sous forme de tresse; dans le dessin se trouvent trois croix; les rubans de la tresse ainsi que les fleurons qui partent du bord supérieur de la vignette vers les coins et le milieu supérieur de la page sont rouges.

Fig. 10. — N° 26 (C.n.s. 8).

Le manuscrit contient un recueil de psallies alphabétiques à la gloire d'apôtres, de saint et d'archanges, comme l'annonce le titre en arabe; c'est un livre de *psallies* qui va du temps du Carême jusqu'à la fin du mois de Mesori (25 juillet - 23 août).

A partir du feuillet 154 le texte s'accompagne d'une traduction en arabe.

Les hymnes à la gloire de saint Victor et saint Ménas sont publiés dans A. Elanskaya, *Les manuscrits coptes...*, p. 123-134 et 136-146.

Quand il préparait l'édition du *Martyre de saint Victor*[27], Oscar von Lemm se proposait aussi de publier les deux hymnes consacrés à saint Victor; il en avait établi le texte copte dactylographié (mais sans traduction) qui se trouve dans les papiers de son travail resté inédit.

Deux *psallies* consacrés à Takla-Haïmanot ont été édités par B. A. Tourayeff[28]. Le texte arabe parallèle a été édité par I. Kratchkowsky[29].

Deux hymnes consacrés à saint Chenouté ont été donnés par von Lemm à J. Leipoldt qui les a édités en annexe au premier tome des œuvres de Chenouté[30].

Deux strophes de l'hymne à saint Théodore ainsi que l'hymne à la gloire de saint Claude ont été édités par Oscar von Lemm[31] qui appelle ce manuscrit *Codex Copticus Tischendorfianus VIII*.

27.

Copte nouvelle série 9.

141 feuillets. Réunis dans une reliure ancienne remontant à la même époque que l'écriture. La reliure de cuir est ornée d'un décor estampé représentant un cep de vigne stylisé inscrit dans un losange.

Papier épais, blanc, jauni par le temps, l'aspect glacé s'est effacé (réglure verticale).

Dimensions: 14,5×18,5 cm.

Les feuillets ne sont pas numérotés.

27 Voir ci-dessus au numéro 8.

28 Б.А. Тураев, Такла-Хайманот у коптов. Коптские заметки. (B.A. Tourayeff [Turaev], «Takla-Haïmanot chez les Coptes», *Publications de la section d'orientalisme de la Société impériale russe d'archéologie* XVIII, Saint Pétersbourg 1907, p. 033-041 [en russe].

29 *Ibidem*, p. 41-44.

30 I. Leipoldt et W. Crum, *Sinuthii archimandritae vita et opera omnia III*, [C.S.C.O. 42/Copt. 2], Paris, 1908, p. 226-233.

31 O. von Lemm, «Kleine koptische Studien LI, et LVI», *Mémoires de l'Académie Impériale des Sciences de Saint Pétersbourg*, VIIIe Série, tome VIII, n° 12, 1908, p. 8-9 et tome XI, n° 4, 1912, p. 75-81, reprint in *Studia Byzantina* X, Leipzig, 1972, p. 474-475 et p. 609-615.

En moyenne 13 à 14 lignes par page.
Marges: 2 cm.
Hauteur des lettres: 3 mm.
Encre noire avec des reflets brunâtres.
Au verso de la page 139, en haut, se trouve un dessin représentant Jésus-Christ.
Trois écritures se succèdent, chacun des trois copistes a écrit à son tour quelques feuillets.
Le texte principal est en copte avec des titres et des explications en arabe.
La date d'écriture du manuscrit est indiquée en arabe dans le colophon: 1174 de l'Hégire (1760-1761 A.D.).

Le manuscrit est un recueil de lectures de l'Écriture pour le temps du Grand Carême.

Pour chacun des six jours (le dimanche n'est pas inclus) de ces trois semaines, sept lectures son prévues: «Premier Psaume» (extrait d'un *Psaume* au choix), extraits d'un des quatre *Évangiles*, d'une *Épître de Paul*, d'une *Épître catholique*, du livre des *Actes*, d'un *Psaume* et d'un *Évangile*.

Inédit.

28.

Copte nouvelle série 10.

202 feuillets.
Papier fort, blanc, glacé (réglure verticale).
Deux feuillets au début et deux feuillets à la fin sont vierges.
Reliure ancienne en cuir, de même époque que l'écriture.
Dimensions: 14×22 cm.
En moyenne 14 lignes par page.
Marges: près de 3 cm.
Hauteur des lettres: en moyenne 5 mm.
Encre noire avec des reflets brunâtres.
Sur la page qui précède la première page écrite se trouve un frontispice comportant l'image d'une croix. Le dessin du frontispice ressemble au frontispice du codex B.N. Paris N° 16057, Copte 13[32]*, avec pour seule différence qu'il y a une saillie (en escalier de trois marches) de chaque côté du montant vertical de la croix, entre la base et les branches transversales. En haut et en bas se trouvent les lettres coptes* alpha *et* oméga *et de côté* ⲓ̅ⲥ̅ ⲭ̅ⲥ̅ ⲩ̅ⲥ̅ ⲑ̅ⲥ̅. *On trouve la même croix dans C.n.s . 11*[33].
Dans le manuscrit, les vignettes et les initiales sont en couleurs. Avant le début du texte écrit la vignette principale est en forme de tresse coloriée en noir, jaune et vert.

[32] Maria Cramer, «Illuminationen aus koptischen und koptisch-arabischen Tetraevangelien», *Oriens Christianus* 48, 1964, p. 77-83, fig. 4.
[33] Voir la description du manuscrit suivant.

Au verso de la première page de texte il y a le chiffre ⲉ̅ *(5) en copte et sur le feuillet 191v le dernier chiffre* ⲣ̅ϥ̅ⲉ̅ *(195).*

Les titres sont écrits à l'encre rouge.

L'écriture est la même que la deuxième écriture de C.n.s. 11.

Le manuscrit a été terminé en l'an 1508 des Martyrs (1792 A.D.), d'après l'inscription arabe au feuillet 192r où se lit la date: «16ᵉ jour de Mesori de l'an 1508».

Le texte principal est en copte. On trouve de ci de là des explications en arabe.

Le manuscrit est un livre liturgique, un recueil de *Psaumes*, de *Prières* et d'extraits de l'Écriture.

Au commencement, le titre en arabe annonce: *«Psalmodie annuelle, comportant quatre odes et sept théotokies».*

Inédit.

29.

Copte nouvelle série 11.

8 feuillets.

Papier fort, blanc, glacé (réglure verticale).

Reliure ancienne en cuir avec des traces de lacets de fermeture, de la même époque que le manuscrit.

Dimensions: 14×22 cm.

Les feuillets sont numérotés à gauche en haut au verso. Sur la première page inscrite il y a le chiffre ⲇ̅ *(4), sur la dernière,* ⲧ̅ⲙ̅ⲇ̅ *(341).*

Sur une page en moyenne 14 lignes.

Marges: près de 3 cm.

Hauteur des lettres: près de 5 mm.

Encre noire avec des reflets brunâtres.

Le frontispice est analogue à celui de C.n.s. 10[34]. *Il s'agit d'une croix rouge, noire, jaune (du type tressé) au-dessus de laquelle il y a un* alpha *et en dessous un* oméga *et à droite et à gauche il est écrit:* ⲓ̅ⲥ̅ ⲭ̅ⲥ̅ ⲩ̅ⲥ̅ ⲑ̅ⲥ̅ ⲡⲓⲥ̅ⲧ̅ⲥ̅ ϭⲣⲟ *(*«Jésus-Christ, Fils de Dieu, la Croix vaincra»*).*

Avant le début du texte, il y a une vignette noire et rouge sous forme de tresse.

Au milieu du manuscrit, sur des feuilles à part, il y a des dessins ornementaux. L'un de ces dessins est aussi en forme de croix, mais de type floral. Dans le cercle central les quatre bouts de la croix se terminent par des fleurons à trois pétales. Et tout autour, de l'extérieur, partent quatre tiges avec des fleurons identiques au bout. Tout autour il y a quatre inscriptions en copte ⲓ̅ⲏ̅ⲥ̅ ⲡ̅ⲭ̅ⲥ̅ ⲩ̅ⲥ̅ ⲑ̅ⲥ̅. *Le second dessin est du type géométrique, sous forme de cercle: il y a quatre circonférences concentriques; dans le cercle intérieur se trouve une fleur à cinq feuilles; dans le cercle extérieur il y a quatre croix – en haut, en bas, à droite et à gauche.*

34 Voir la description du manuscrit précédent.

Les alpha *à l'initiale ont une forme originale. Certains d'entre eux ont une forme d'oiseaux:* 

Au dos du feuillet 339 se trouve une note en arabe: «Ce manuscrit a été terminé d'être écrit le 14e jour du mois de Epep *(9 juillet)* de l'an 1508 de l'ère des Martyrs» *(1792 A.D.*[35]*).*

Le manuscrit comporte trois écritures différentes, dont la deuxième ressemble à celle du manuscrit précédent.

Le manuscrit est un recueil d'hymnes, de prières, de lectures du *Nouveau Testament* et des *Psaumes* pour le service des jours de fêtes du mois de Koïahk (27 novembre - 26 décembre).

Les hymnes aux saints Antoine, Ménas, Victor et Théodore l'Oriental ont été édités[36].

30.

Copte nouvelle série 12.

245 feuillets.

Papier épais, blanc, jauni par le temps, ayant gardé un peu de sa brillance

Dimensions: 15,5×22 cm.

Les feuillets sont numérotés au verso à la fois par des chiffres grecs et coptes.

Sur une page en moyenne 18 lignes.

Marges: de 2 à 2,5 cm.

Hauteur des lettres: 5 mm.

Encre noire avec des reflets brunâtres.

L'essentiel du manuscrit est assez ancien et remonte à peu près au XIVe siècle (l'écriture est du même type que celle des manuscrits Dorn 627 et 630[37]*).*

Les alpha *à l'initiale ont parfois une forme d'oiseaux*  *. Près de la moitié du manuscrit est composé de feuillets insérés plus tard, comportant des textes écrits à une date plus tardive (XVIe-XVIIe siècles).*

Entre les feuillets anciens se trouve de temps en temps inséré un ou plusieurs feuillets plus récents qui sont numérotés en chiffres coptes. Sur le premier feuillet on trouve ⲓ̅ⲅ̅ *(13) en copte, sur le deuxième* ⲓ̅ⲇ̅ *(14), puis suivent des feuillets anciens numérotés en chiffres grecs de 15 à 19, suivi directement de* ⲕ̅ⲁ̅ *(21), et la suite. Il est intéressant de relever que les nombres coptes à deux chiffres sont écrits parfois à l'envers dans les feuillets insérés, par exemple* ⲃ̅ⲕ̅ *au lieu de* ⲕ̅ⲃ̅ *(22),* ⲇ̅ⲕ̅ *au lieu de* ⲕ̅ⲇ̅ *(24) ou encore* ⲁ̅ⲟ̅ *au lieu de* ⲟ̅ⲁ̅ *(71). Le*

[35] La même année que le manuscrit précédent.

[36] Alla Elanskaya, *Les manuscrits coptes...*, p. 134-135 et 146-150.

[37] Voir ci-dessus les numéros 15 et 18.

dernier feuillet ancien porte le numéro 287 en grec. Les 7 derniers feuillets ont été ajoutés encore plus tard et ne sont pas numérotés.

Le texte est presque entièrement en copte; de ci de là se recontrent des notes explicatives en arabe.

Le manuscrit est un recueil de lectures extraites du *Nouveau Testament* et des *Psaumes* pour les offices du soir du dimanche des mois de Thôout, de Paopé, de Hathor, de Koïahk, de Tobé et de Enchir.

Inédit.

31.

Copte nouvelle série 13.

148 feuillets.

Papier fort, blanc, ayant conservé d'un côté sa brillance (réglure verticale).

Reliure cartonnée du XIXᵉ siècle, dos et coins cuir, faite probablement après l'arrivée du manuscrit dans la collection de Porphyre Ouspiensky.

Dimensions: 10×14 cm.

Sur une page en moyenne 15 lignes.

Marges: 2,3 cm.

Hauteur des lettres: 3-4 mm.

Encre noire avec des reflets brunâtres.

Plusieurs écritures. La première est jolie, nette et ressemble à celle de C.n.s. 11[38]*. Les autres sont moins soignées et plus grossières; l'une d'entre elles ressemble à celle du Codex Vat. Copt. 19 (Hyvernat,* Album..., *LV, 2).*

Écrit probablement au XVIIIᵉ siècle.

Sur la première page il y a une vignette ornementale rouge et noir, du genre tresse, semblable à la vignette du manuscrit Cramer, Koptische Paläographie..., *planche 86, mais elle est d'une facture plus primitive et complétée par des cadres et des boutons de fleurs. Plus loin on rencontre encore deux vignettes plus grossières et maladroites, également du type tresse à gradins, mais avec deux et trois croix à l'intérieur et avec des terminaisons pointues «en pieds».*

Les alpha *à l'initiale sont souvent décorés, en forme d'oiseau, et ressemblent à ceux du manuscrit C.n.s. 11*[39]*, mais ils ne se trouvent que dans la deuxième partie du manuscrit, où l'écriture est peu soignée: ils sont dessinés maladroitement et ont l'air tordu.*

Certains titres ainsi que les signes de ponctuation sont faits à l'encre rouge.

Le texte copte est accompagné d'une traduction en arabe.

Le manuscrit contient l'*Anaphore de saint Basile* et quelques extraits de l'*Anaphore de saint Grégoire*.

C'est l'unique manuscrit copte provenant de la collection Ouspiensky.

Sur une feuille blanche – ajoutée à la colle au début du manuscrit quand on l'a relié – il y a une inscription en russe au crayon: *«Ce*

[38] Ci-dessus numéro 29.

[39] Voir numéro 29.

manuscrit a été acheté par moi au monastère de Nitrie saint Macaire en Égypte, en l'an 1845. A(rchimandrite) Porphyre».

Inédit.

32.

Copte nouvelle série 14/1.

14 feuillets. Le début et la fin manquent.
Papier blanc, fort (réglure verticale).
Dimensions: 15×21 cm.
Les feuillets ne sont pas numérotés.
19 lignes par page.
Marges: 2 cm.
Hauteur des lettres: 5 mm.
Encre noire avec des reflets brunâtres.
Écriture et papier caractéristiques du XVIIIe siècle.

Le manuscrit contient des lectures pour le Grand Carême, pour Pâques, pour la fête de la Circoncision, des prières et des «salutations» (ἀσπασμός) aux apôtres, aux saints, aux prophètes, aux archanges, à la Théotokos et aux évêques ainsi qu'une doxologie sur le ton «Des Ronces» (βάτος) pour la fête de l'Annonciation.

Inédit.

33.

Copte nouvelle série 14/2.

4 feuillets (en fait 2 feuillets doubles).
Papier fort avec une brillance qui s'efface (réglure verticale).
Dimensions: 15,5×21 cm.
Les feuillets ne sont pas numérotés.
De 11 à 14 lignes par page.
Marges: 2,5 cm.
Hauteur des lettres: près de 5 mm.
Encre noire.
A en juger par l'écriture et le papier, écrit au XVIIIe siècle.

Le manuscrit contient une partie de la *Doxologie pour la fête de la Nativité.*

Le texte est en copte, il n'y a qu'une seule ligne en arabe, la dernière de la dernière page, un titre ainsi rédigé: *«Lecture pour la fête de la Nativité – (extrait) de la Doxologie».*

Inédit.

34.

Copte nouvelle série 14/3.

2 feuillets.
Papier fort, rugueux, avec une brillance effacée (réglure verticale).
Dimensions: 14×21 cm.
Sur une page, 16 lignes.
Marges: 2,5 cm.
Hauteur des lettres: près de 5 mm.
Encre noire avec des reflets brunâtres.
Les signes de ponctuation et les initiales alpha *sous forme d'oiseaux sont rouge-brun.*
A en juger par l'écriture et le papier, il remonte au XVIIIe *siècle.*
Au haut de la première page, une ligne à moitié effacée en arabe: «Hymnes (sur le) ton "Des Ronces", pour la (fête de...)»

Le manuscrit contient des *Hymnes (psallies)* alphabétiques (strophes ⲁ, ⲃ, ⲅ, ⲇ, ⲉ, ⲍ, ⲏ, ⲑ), des *Prières au Seigneur* et une *Louange de l'archange Gabriel.*
Inédit.

35.

Copte nouvelle série 14/4.

6 feuillets.
Papier fort, rugueux, dont le brillant est effacé (réglure horizontale).
Dimensions: 10×15 cm.
Les feuillets ne sont pas numérotés.
De 13 à 15 lignes par page.
Marges: 2 cm.
Hauteur des lettres: près de 5 mm.
Encre noire avec des reflets brunâtres.
Vignette rouge et noir (brunâtre) rectangulaire, qui présente un décor contenant trois croix.
Écriture peu soignée, barbouillée, avec des pâtés.
Les signes de ponctuation, certaines initiales (quelquefois les deux premières lettres ou même le premier mot) sont en rouge.
D'après l'écriture est le papier, le manuscrit est du XVIIIe *siècle.*

Le manuscrit contient un livre de prières à la Théotokos *«Donne protection».*
Inédit.

36.

Copte nouvelle série 14/5.

5 feuillets.
Papier fort, glacé (réglure verticale).
Dimensions: 15×20 cm.
Les feuillets sont disparates, non paginés.
En moyenne 15 lignes par page.
Marges: 3 à 3,5 cm.
Hauteur des lettres: 5 mm.
Encre noire à reflets brunâtres.
La première ligne de chaque partie est écrite en rouge.
Les signes de ponctuation sont en rouge, les alpha *à l'initiale sont en forme d'oiseaux, noirs et rouges.*
L'écriture et le papier remontent au XVIIIe *siècle.*

Contient une prière à la Théotokos *«Donne protection»*, des psallies sur le ton «Des Ronces», une glorification de Jésus et la doxologie de la Théotokos (*«Réjouis-toi, Théotokos, joie des anges…»*)
Inédit.

37.

Copte nouvelle série 14/6.

1 feuillet.
Papier fort, blanc (réglure horizontale).
Dimensions: 19,5×29 cm.
Sans numérotation.
Au recto 17 et au verso 18 lignes.
Marges: 2 cm.
Hauteur des lettres: de 5 à 7 mm.
Encre noire à reflets brunâtres.
Écriture jolie et nette.
Signes de ponctuation rouges.
D'après le papier et l'écriture remonte au XVIIIe *siècle.*

Contient des lectures pour le Grand Carême. Sont conservés le début des lectures du lundi de la première semaine («Premier Psaume – *Psaume* CXVIII, 41-45 – *Évangile de Marc* XIII, 33-34 et VIII, 6-12) ainsi que la fin de la lecture précédente – *Évangile de Marc* XVI, 4.
Inédit.

38.

Copte nouvelle série 14/7.

1 feuillet.
Papier fort, glacé, mais effacé (réglure horizontale).
Dimensions: 19,5×28 cm.
Au recto 12, au verso 16 lignes, et deux lignes ont été rajoutées verticalement dans la marge à gauche.
La partie gauche en haut du feuillet est déchirée.
Encre brune.
Au recto il y a une vignette en forme de tresse à gradins avec en haut au milieu et dans les coins des fleurons à trois pétales. Après la vignette, un titre en arabe «Premier jour du Carême grec».
D'après le papier et l'écriture, remonte au XVIIIe *siècle.*

Contient des lectures pour le Grand Carême. – *Évangile de Luc* XIII, 1-4.
Inédit.

39.

Copte nouvelle série 14/8.

1 feuillet.
Papier fort, glacé (réglure horizontale).
Dimensions: 21,5×30 cm.
La pagination a été conservée ⲣⲕ *(120).*
Au recto 23, au verso 13 lignes.
Marges: 6 cm.
Hauteur des lettres: 4 mm.
Encre noire à reflets brunâtres.
Signes de ponctuation en rouge.
Au recto on devine les traces de la vignette rouge-vert de la page précédente.
L'écriture est jolie et nette.
L'écriture et le papier remontent au XVIIIe *siècle.*

Contient la fin d'un livre de prières. Chaque strophe commençait de la même manière: «*Je Te remercie, Seigneur d'Israël*» (en tout huit péricopes).
Inédit.

40.

Copte nouvelle série 14/9.

1 feuillet.
Papier fort, glacé, jaunâtre (réglure verticale). Marges déchirées.

Dimensions: 14×19 cm.
Sans numérotation.
Au recto 15, au verso 16 lignes.
Hauteur des lettres: 63 mm.
Encre d'un brun très foncé.
Signes de ponctuation et refrains en rouge.
A en juger par l'écriture et le papier, remonte au XVIIIe *siècle.*

Extraits d'hymnes (psallies) alphabétiques en l'honneur de la Théotokos. Sont conservées les strophes ⲍ, ⲏ, ⲑ, ⲓ, ⲕ, ⲗ, ⲙ, ⲛ, ⲝ, ⲟ.

Les strophes ont trois vers. Les refrains sont de deux types qui alternent. Le premier vers du refrain se termine toujours en ⲓ/ⲏ; mais le deuxième vers se termine en ⲟⲥ si le troisième vers de la strophe se termine par ϫⲉ ⲥⲙⲁⲣⲱⲟⲩⲧ et en ⲟ/ⲟⲩ si le troisième vers de la strophe se termine par ϫⲉ ⲭⲉⲣⲉ.

Inédit.

41.

Copte nouvelle série 14/10.

Fragment d'un feuillet.
Papier glacé.
Dimensions maximales: 11,5×15,5 cm.
Pas de numérotation.
Au recto 12, au verso 13 lignes.
Hauteur des lettres: 4 mm.
D'après l'écriture et le papier, du XVIIIe *siècle.*

Contient un extrait de prières à la Théotokos *«Donne protection»*.
Inédit.

42.

Copte nouvelle série 14/11.

1 feuillet.
Papier blanc avec traces de brillant, déchiré au bord.
Dimensions maximales: 20×28 cm.
Sans numérotation.
21 lignes par page.
Hauteur des lettres: 4 mm.
Encre noire avec des reflets brunâtres.
Signes de ponctuation rouges.
Date du XVIIIe *siècle d'après l'écriture et le papier.*

Contient des extraits des Évangiles de *Matthieu* (XXI, 16-17) et de *Marc* (XX, 1-3; XXI, 12-16). Une phrase en arabe, le titre avant le deuxième extrait: *«Deuxième Évangile»*.

Inédit.

Les extraits de 11 manuscrits réunis sous l'identification de «Copte nouvelle série 14» sont ainsi présentées dans le catalogue manuscrit de Brugsch (page 5, n° 70): *«Feuilles détachées de man. coptes, qui sans exception traitaient des matières de la religion»*.

Институт Востоковедения
18, Дворцовая Набережная
191065 Санкт Петербург
РОССИЯ

Institut d'Études Orientales
18, Quai des Palais
191065 Saint Pétersbourg
RUSSIE

Traduit du russe par
Aïda ROSENSTIEHL

EIN KOPTISCHES FRAGMENT AUS KYRILL VON JERUSALEM (CAT. VI 22-24) ÜBER DIE ANFÄNGE DES MANICHÄISMUS (P. Heid. Inv. Kopt. 450)

von

Peter NAGEL

1

Das Fragment aus der Heidelberger Papyrussammlung (frühere Inv.-Nr. 684) wurde erstmals 1924 von Friedrich Bilabel unter dem Titel »Ein koptisches Fragment über die Begründer des Manichäismus« (Veröffentlichungen aus den badischen Papyrus-Sammlungen, Heft 3) herausgegeben. Ungeachtet der Mängel, die dieser Edition anhaften[1], bleibt es ein Verdienst Bilabels, das Fragment der Vergessenheit entrissen und erstmalig einen *koptischen* Textzeugen über die Anfänge des Manichäismus nachgewiesen zu haben. Wie Bilabel richtig erkannte, enthält das Fragment die in der antimanichäischen Polemik der Kirchenväter verbreitete Vorgeschichte und Erbfolge der Gründungsväter des Manichäismus, einschließlich der Ziehmutter des Mani: der »Sarazene« Skythianos als Verfasser der vier manichäischen Urschriften — sein Schüler Terebinthos, der sich »Buddha« nannte — die reiche Witwe — ihr Sklave und Adoptivsohn Korbikios (der Name ist in mehreren Varianten verbreitet), der spätere Mani. Diese Genealogie wurde von den Acta Archelai (vor 350)[2] aufgebracht und von der zeitgenössischen und nachfolgenden Polemik gegen den Manichäismus aufgegriffen. Ein früher Zeuge dessen ist Kyrill von Jerusalem (um 350), dessen VI. Katechese gegen den Polytheismus und die christlichen Häresien einschließlich des Manichäismus gerichtet ist. Bilabel war die besondere Ähnlichkeit des koptischen Fragments mit den Ausführungen des Kyrill nicht entgangen (S. 16), jedoch hat er diese Spur nicht weiter verfolgt bzw. nicht für die Textherstellung nutzbar gemacht. Es blieb Carl Schmidt[3] vorbehalten,

[1] Bilabels Ausgabe ist nicht mit dem Kenntnisstand der koptischen Papyrologie vom Anfang der zwanziger Jahre gleichzusetzen. Für den Umgang mit fragmentarischen Texten hatte, um nur einen Namen anzuführen, Oscar von Lemm jahrzehntelang methodisch mustergültige Beispiele geliefert.

[2] Kap. 62-64, ed. Beeson (GCS 16), p. 90-93.

[3] Rez. zu Bilabel, in: Orientalistische Literaturzeitung 28, 1925, 378-379.

das koptische Fragment als *Übersetzung* aus der VI. Katechese des Kyrill nachzuweisen, auch wenn der koptische Wortlaut nicht durchweg identisch mit dem griechischen Kyrilltext war. Die Vorlage des Kyrill ist Cat. VI 22-24 ed. Reischl, p. 184-188; Bilabel und merkwürdigerweise auch Carl Schmidt gaben VI 21f. an, obwohl das koptische Fragment erst bei der zweiten Hälfte des manichäischen Schriftenverzeichnisses in VI 22 (p. 184, 22 Reischl) einsetzt und bis zum Namenswechsel des Korbikios in VI 24 (p. 188, 5) reicht. Auf Grund der Entdeckung der Quelle des koptischen Textes gelang es Carl Schmidt, eine Anzahl fragmentarischer Stellen, die von Bilabel völlig mißverstanden waren, auf Anhieb zu ergänzen. Allerdings ließ es Carl Schmidt bei der Berichtigung und Ergänzung ausgewählter Stellen und bei dem generellen Hinweis auf Kyrill bewenden, da für weitergehende Lesungen die Einsicht in das Original erforderlich sei (eine Abb. hatte Bilabel nicht beigefügt). So ist man für diejenigen Passagen, deren Carl Schmidt sich nicht angenommen hatte, immer noch auf Bilabels mißratene Edition angewiesen, die kein adäquates Bild des Vorhandenen und des Fehlenden vermittelt. Gerade dies aber ist, zusammen mit dem griechischen Kyrilltext, als Ausgangspunkt für die Rekonstruktion des Textes unerläßlich. Im übrigen haben nicht einmal alle, die es angeht, von dem Heidelberger Fragment und dessen Identifizierung durch Carl Schmidt Kenntnis genommen[4].

In der Tat lassen sich allein auf Grund des griechischen Originals die Lücken des koptischen Textes nicht schließen, denn die griechische und die koptische Fassung gehen stellenweise nicht unerheblich auseinander, und zwar nicht nur lexikalisch und syntaktisch, sondern auch im Inhalt. Wer mit den Maßstäben von Wörtlichkeit, die ihm von der Übersetzung des Alten und Neuen Testaments ins Koptische vertraut sind, an patristische Übersetzungstexte herangeht, macht sich falsche Vorstellungen über das zu erwartende Maß an Übereinstimmung. Die koptischen Übersetzer gingen zuweilen recht frei mit ihrer Vorlage um, wenn es kein kanonischer Text war. Im Falle des Kyrilltextes kann man solche Divergenzen anhand der von Tito Orlandi in der Wiener Papyrussammlung entdeckten und herausgegebenen koptischen Kyrillfragmente[5] sehr gut

[4] Beides fehlt in den Patrologien von *Altaner* und *Quasten*, aber auch in dem einschlägigen Aufsatz von David W. Johnson, Coptic Reactions to Gnosticism and Manichaeism, in: *Le Muséon* 100, 1987, 199-209 (siehe bes. S. 199 und 207); dagegen beweist M. Geerard, Clavis patrum graecorum, vol. II, 1974, n° 3585 (S. 290), erneut seine Zuverlässigkeit.

[5] Tito Orlandi, Papiri copti di contenuto teologico / Koptische Papyri theologischen Inhalts. Mitteilungen aus der Papyrussammlung der Österreichischen Nationalbibliothek (Papyrus Erzherzog Rainer), Wien, 1974, n° V, S. 56-77 bzw. 79 (K 8502a-i; / appendice/ K 4336a-c). Auch dieser Text fehlt bei Johnson (s. Anm. 4).

beobachten, und zwar nicht nur im Vergleich Griechisch - Koptisch, sondern auch im innerkoptischen Vergleich. Denn das Wiener Fragment K 8520r° (Orlandi S. 70f.), das mit dem Verso des Heidelberger Fragments (entspricht Cat VI 24, p. 186, 18 - 188, 3) parallel läuft, bietet, wie bereits T. Orlandi bemerkt hat, wiederum einen abweichenden Text[6]. Die Erwartung, die Lücken des einen Fragments durch den erhaltenen Text des anderen ergänzen zu können, erfüllt sich angesichts der divergierenden Textfassungen nicht.

2

Die Neuausgabe des Heidelberger koptischen Kyrillfragmentes wurde dank exzellenter Fotos der beiden Blattseiten im Maßstab 1:1 ermöglicht[7].

Äußere Merkmale des Blattes (Abb.)

Papyrus, R° →, V° ↑. Obere Blatthälfte, bestehend aus zwei Fragmenten, auf der Vorder- und Rückseite in zwei Kolumnen beschriftet, Paginierung verloren. Die äußere Kolumne ist in der Breite weitestgehend erhalten, von der inneren Kolumne fehlt jeweils die größere äußere Hälfte. R° col. a 17 Zeilen, col. b 18 Zeilen; V° col. a 19 Zeilen, col. b 16 Zeilen. Das kleinere Fragment gehört zur unteren Hälfte der Innenkolumne: R° a Zeile 13-15, V° b Zeile 13-16. Der Buchstabenrest am Ende der zweiten Zeile des kleinen Fragments R° paßt in die untere Spitze des Buchstabens ϐ auf Zeile 14 des größeren Fragments. Das größere Fragment ist 155 mm hoch und 145 mm breit, das kleine Fragment 30 mm hoch und 41,5 mm breit. Bei Zusammensetzung der Fragmente ergibt sich die Blattbreite von 170 mm (die Höhe ist mit der des größeren Fragments identisch, also 155 mm). Die maximale Zeilenlänge ist 72 mm. Reste des oberen Randes sind nur über der Innenkolumne

[6] Orlandi, S. 71 (App.). Es ist schwer zu sagen, inwieweit die Textabweichungen der koptischen Versionen auf freie Bearbeitung des Übersetzers zurückgehen oder durch andere griechische Textfassungen als in dem überlieferten Kyrilltext bedingt sind. Immerhin sind die koptischen Fragmente Jahrhunderte älter als die griechischen Handschriften.

[7] Der besondere Dank des Verfassers gilt Frau Dr. Bärbel Kramer (Heidelberg) für die kollegiale Überlassung der von R. Zachmann angefertigten Fotos und für die Erlaubnis zur Neuveröffentlichung des Textes. Herr Zachmann hat sich auch der Mühe unterzogen, die Plazierung des kleineren Fragments nochmals zu überprüfen und danach ein zweites Foto angefertigt, das der Textbearbeitung zugrundeliegt. Für diese freundliche Unterstützung danke ich sehr herzlich.

erhalten (R° 16 mm, V° 15 mm). Der Außenrand des R° beträgt, je nach Zeilenlänge der äußeren Kolumne, 14,5 bis 21 mm, auf dem V° (bei gleichbleibendem Zeilenanfang) 21,5 mm. Das Interkolumnium des R° beträgt durchschnittlich 25 mm, während es sich auf dem V° zwischen 24 und 37 mm bewegt.

Die durchschnittliche Buchstabenzahl pro Zeilen beträgt 10-11, max. 14 Buchstaben (V° a 3, darunter dreimal ⲓ). Die minimale Buchstabenzahl bei vollständig beschrieben und erhaltenen Zeilen ist 8 (R° b 14 und V° a 4).

Die Buchstabengröße ist nicht einheitlich. Es sind generell zwei Gruppen zu unterscheiden (so bereits Bilabel): auf der Vorderseite und auf der Rückseite bis Zeile 6 der äußeren Kolumne mit dicker Feder geschriebene Buchstaben, sodann auf der Rückseite ab Zeile 7 bis zum Schluß mit dünnerer Feder. Infolge der unterschiedlichen Federstärke nehmen 10 Zeilen auf der Vorderseite 77 mm ein, auf der Rückseite (ab Z. 7) nur 73 mm. Die Breite der Buchstaben (außer ⲓ) beträgt 5-8 mm, die Höhe 4-6 mm. Ny-Strich am Zeilenende wird nur in R° b 9 verwendet. Eine freigestellte Initiale begegnet R° b 8 (nach Spatium in Zeile 7). Ein größerer Buchstabe, aber ohne Auszug, steht R° b 4, ein freigestellter Buchstabe, aber von gleicher Höhe wie die übrigen der Zeile, findet sich V° b 6. Zu vermuten ist eine freigestellte Initiale auf R° a 11 (Anfang abgebrochen) nach Kurzzeile R° a 10. Als Lesezeichen wird ein Punkt auf mittlerer Zeilenhöhe verwendet. Der Satzgliederung dienen Spatien bzw. nicht ausgefüllte Zeilen (R° a 10 Kurzzeile, R° b 7 Spatium).

Eine Art Lesezeichen steht auch auf dem Interkolumniun des Verso zwischen Zeile 5 und 6.

Der Supralinearstrich ist als Silbenstrich angelegt, jedoch beginnt der Strich überwiegend erst gegen Ende des ersten Buchstabens der Silbeneinheit, daher einmal die Schreibung ϩⲛ̄ (R° a 15) statt ϩ̄ⲛ.

Die Schrift macht insgesamt einen etwas klobigen, aber nicht ungeübten Eindruck. Die Orthographie ist ein gutes Sahidisch, nur R° b 9 begegnet ein grammatischer Schnitzer.

Obwohl die Paginierung nicht erhalten ist, kann man sagen, daß das Blatt nicht als Einzelblatt umlief, sondern aus einem Kodex herausgerissen war: R° a 1 beginnt mitten im Satz. Wieviel vorhergegangen und wieviel einst noch folgte, läßt sich nicht sagen. Für die ursprüngliche Blatthöhe gibt es keinen sicheren Anhaltspunkt, da sich infolge der Divergenz zwischen dem griechischen und koptischen Text die Anzahl der fehlenden Zeilen nicht bestimmen läßt. Der untere Rand fehlt ohnehin. Die Datierung des Blattes durch Carl Schmidt (bei Bilabel S. 8) ins 7. Jahrhundert mag honoris causa in Erinnerung gerufen sein.

3

Der Text des fragmentierten Blattes mit versuchter Wiederherstellung der abgebrochenen Zeilen lautet:

Recto

[ⲛ̄ⲙ̄ⲙⲩ]ⲥⲧⲏⲣⲓⲟⲛ
[ⲡⲙⲉϩϥ]ⲧⲟⲟⲩ ⲇⲉ
[ⲡⲉⲧⲟⲩⲕ]ⲱ ⲙ̄ⲙⲟϥ
[ⲉϩⲣⲁï·]⸤ⲡⲉⲑⲏ
[ⲥⲁⲩⲣⲟⲥ ⲉ]ⲧⲉ ⲡⲁ
[ⲡⲙⲟⲩ ⲡⲉ·] ⲛⲉⲟⲩ
[ⲛⲧⲉϥ ⲟⲩ]ⲙⲁⲑⲏ
[ⲧⲏⲥ ⲇⲉ] ⲙ̄ⲙⲁⲩ
[ⲉⲡⲉϥⲣⲁ]ⲛ ⲡⲉ ⲧⲉ
[ⲣⲉⲃⲓⲛⲑ]ⲟⲥ·
[Ⲡⲉϥⲥⲁϩ ⲇ]ⲉ ⲥⲕⲩⲑⲓ
[ⲁⲛⲟⲥ ⲁϥⲧⲟ]⸤ϣ⸥ϥ
[ⲉ]ⲉⲓ ⲉϯ[ïⲟⲩⲇⲁ]ⲓ̣ⲁ
[ⲉ]ⲧⲣⲉϥ ϯ [ⲃⲱ
ϩⲛ̄ ⲛⲉϥϫ[ⲱⲱ]ⲙⲉ
[ ]ⲁ
[ ]ⲉ̣
abgebrochen

ϣϥ ϩⲙ [—] ⸢ⲡ⸣[ⲕⲁϩ ⲉ
ⲧ̄ⲙⲙⲁⲩ·ⲁϥ⸢ⲕⲣ⸣[ⲓ
ⲛⲉ·ⲉⲃⲱⲕ ⲉⲡⲙⲁ
ⲉⲧ̄ⲙⲙⲁⲩ ⲁⲩⲱ
ⲛ̄ⲧⲉⲓϩⲉ ⲁϥⲕⲣⲓ
ⲛⲉ· ⲉⲃⲱⲕ ⲉⲧⲡⲉⲣ
ⲥⲓⲥ:· ⲙ̄ⲛ̄[ⲛ̄]
ⲥⲱⲥ·ⲉϥⲟⲩⲱ[ϣ
ⲉϩⲱⲡ·ⲡⲉϥⲣⲁ̄[
ϫⲉ ⲛ̄ⲛⲉⲩⲥⲟⲩⲱ
ⲛ̄ϥ ϩⲙ ⲡⲙⲁ ⲉⲧ̄ⲙ
ⲙⲁⲩ·ⲁϥⲙⲟ⸢ⲩ⸣[ⲧⲉ
ⲉⲣⲟϥ ϫⲉ ⲃⲟⲩⲧ⸢ⲁ⸣[·
ⲁⲩⲱ ⲛⲉⲩϣ̄ⲙ
ϣⲉ ⲙ̄ⲡⲙⲓⲑⲣ⸢ⲁ⸣
ⲉⲧⲉ ⲡⲣ̣ⲏ ⲡⲉ̣·[ϩⲙ
ⲡⲙ̣ⲉ̣ϫ̣ⲧ̣[ⲱⲗ
ⲉⲩϯ [ⲉⲟⲟⲩ ⲛⲁϥ
abgebrochen

Recto, col. a

1. Vgl. Keph cp. 148, 10 s. [ⲡ]ϫⲱⲙⲉ ⲛ̄ⲙ̄ⲙⲩⲥⲧⲏⲣⲓⲟⲛ (Schmidt/Polotsky, Mani-Fund S. 86) **2.** C. Schmidt **8.** ⲇⲉ] ⲙⲙⲁⲩ: ⲇⲉ aus Raumgründen erforderlich; ⲇⲉ ⲙⲙⲁⲩ nach ⲟⲩⲛⲧⲉ= mit direkt angeschlossenem Objekt selten, aber belegt: 1 Kor 7,37 **9s.** C. Schmidt **11.** Erg. unsicher, vielleicht nur [ⲛⲧⲟϥ ⲇ]ⲉ (ohne ausgerückte Initiale) **13-15.** kleines Fragment, abgegrenzt durch gestrichelte Linie **13.** ⲉϯ[ïⲟⲩⲇⲁ]ⲓ̣ⲁ: linker Punkt des Trema deutlich sichtbar; ungewöhnliche Schreibung für (ⲉ)ϯⲟⲩⲇⲁⲓⲁ **14.** lies [ⲉ]ⲧⲣⲉϥϯ<ⲥ>ⲃⲱ

Abb. 1 — P. Heid. inv. kopt. 450r°

col. b

1. ϣϥ: col. a ult./col. b 1 ⲉϥⲥⲟ]|ϣϥ C. Schmidt **3s.** ⲉⲡⲙⲁ ⲉⲧⲙⲙⲁⲩ: lies ⲉⲕⲉⲙⲁ, s. Bem. zur Übersetzung **7.** Strich über ⲛ 2^{e} erhalten **9.** ⲉϩⲱⲡ·ⲡⲉϥⲣⲁ(ⲛ) sic, lies ⲉϩⲱⲡ ⲙ̅ⲡⲉϥⲣⲁⲛ **13.** ⲃⲟⲩⲧ⸢ⲁ⸣: Spitze des ⲁ unter dem Querbalken des ⲧ sichtbar **17.** ⲡⲙⲉ̣⸤ⲭ⸥⸤ⲧ⸣[ⲱⲗ: ⲭ̣ scheint sicher; die davor erhaltene Buchstabenspur paßt zu ⲉ. Das verdickte, leicht geneigte linke Ende des Querbalkens von ⸤ⲧ⸣ ist mehrfach in dem Fragment belegt: R° a 1, V° a 5, V° b 10. Siehe Bem. zur Übersetzung.

Verso

[ⲛ̄ⲛ̄ⲧ]⸢ⲏⲩ⸣·ⲛⲁï ⲉ
[ⲧ]ⲉⲣⲉ ⲙ̄ⲙⲁⲛⲓ
ⲭⲁⲓⲟⲥ· ⲉⲡⲉⲓⲕⲁⲗⲉⲓ
ⲙ̄ⲙⲟⲟⲩ· ⲉϫ̄ⲙ
ⲡⲕⲛⲧⲉ ⲉⲧϫⲁϩ̄ⲙ
ϣⲁϩⲣⲁï ⲉⲧⲉⲛⲟⲩ·
ⲁⲡⲛⲟⲩⲧⲉ ⲣⲁϩⲧ̄ϥ
ⲁⲩⲱ ⲁϥϩⲉ· ⲉⲡⲉⲥⲏⲧ
ϩⲓϫ̄ⲛ ⲧϫⲉⲛⲉⲡⲱ⸢ⲣ⸣
ⲁϥϣⲟⲟⲩⲉ· ⲁⲩⲱ
ⲛ̄ⲧⲉⲓ⸤ϩ⸥ⲉ ⸤ⲁ⸥ϥⲙⲟⲩ ⲛ̄
[ϭⲓ]⸢ⲡⲙⲉϩⲥⲛⲁⲩ
[ⲛⲑ]ⲏⲣⲓⲟⲛ· ⲁⲗⲗⲁ
[ⲁ]⸤ⲛⲉϥϫⲱⲱⲙⲉ
[ϭ]ⲱⲗ̄ⲡ ⲉⲣⲟⲟⲩ
[ⲉ]ⲩϭⲱ ⲛ̄ⲣ̄ⲡⲙⲉ
[ⲉⲩⲉ ⲛ̄ⲧ]ⲙ̄ⲛⲧⲁⲥⲉ
[ⲃⲏⲥ·]⸤ⲁ⸥[ⲩ]ⲱ
[ⲧ]ⲉⲭⲏ
[ⲣⲁ abgebrochen]

ⲛ̄ⲙ̄ⲡⲉⲣⲥ[ⲟⲥ ϩⲱⲥ
ϣⲏⲣⲉ· ⲡ[ⲁï ⲇⲉ ⲁϥ
ϣⲱⲡⲉ̣ [ⲛ̄ⲟⲩⲥⲟⲧⲉ
ⲉϥϩⲟⲟ[ⲩ ⲉⲧⲙ̄ⲛⲧ
ⲣⲱⲙⲉ[· ⲁⲩⲱ ⲁ
ⲡϩ̄ⲙϩ[ⲁⲗ ⲉⲧϩⲟⲟⲩ
ⲕⲟ[ⲣ]ⲃⲓⲕ[ⲓⲟⲥ ⲁⲓⲁⲓ
ϩ̄ⲛ ⲧⲉϥ[ⲓⲗⲟⲥⲟⲫⲓⲁ
ⲛⲧⲉⲣⲉ̣[ⲥⲙⲟⲩ ⲇⲉ
ⲛ̄ϭⲓ ⲧⲉ⸢ⲭ⸣[ⲏⲣⲁ ⲁϥ
ϫⲓ ⲛ̄ⲛⲓ̣[ϫⲱⲱⲙⲉ·
ⲙ̄ⲛⲛ̄ⲥ̣[ⲱⲥ ⲇⲉ ϫⲉ
ⲕ[ⲁⲥ ⲛⲛ] ⲉ̣ ⲡⲣⲁ[ⲛ
ⲛ̄[ⲧⲙⲛ] ⸢ⲧ⸣ ϩ̄ⲙϩ⸢ⲁ⸣[ⲗ
[ϣⲱ] ⸤ⲡⲉ ⲛ̄ⲙⲙⲁ[ϥ
ⲉ̣[ ] x x ⲙ̄ⲛ ⲟⲩ̣[

abgebrochen

Verso, col. a

15. [ϭ]ⲱⲗⲡ sicher, Schmidts Vorschlag ⲥⲱϫⲡ kann nicht bestätigt werden. ϭⲱⲗⲡ ⲉ-: s. Crum, Dict. 812[a] **18ss.** Beginn des Wiener Fragments K 8502 g R° **18-20.** K a 16-19 ⲁⲩⲱ ⲁⲧⲉⲭⲏⲣⲁ ⲉⲧⲙⲙⲁⲩ ⲗⲟⲓⲡⲟⲛ ⲕⲗⲏ[ⲣⲟⲛⲟⲙⲉⲓ... (lac.)

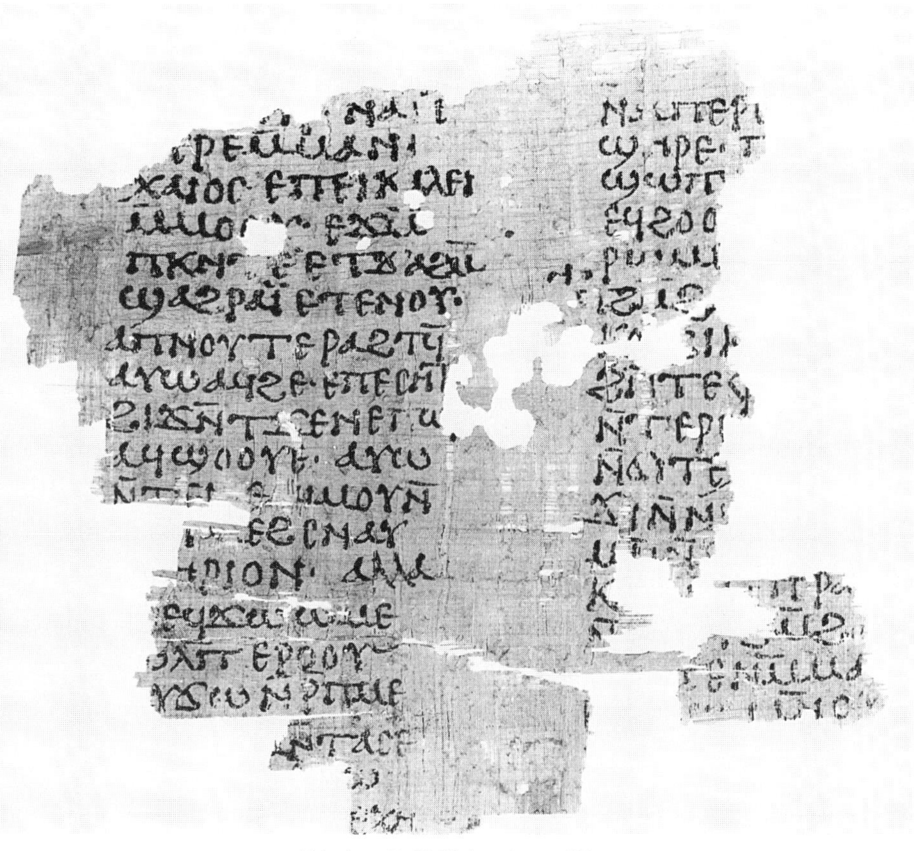

Abb. 1 — P. Heid. inv. kopt. 450v°.

col. b

1-8. K b 1-17 ⲉⲡⲉϥⲣⲁⲛ ⲡ[ⲉ]‖ⲕⲟⲩⲃⲣⲓⲕⲟⲥ [ⲁⲩⲱ] ⲁⲥⲁⲁϥ ⲛⲁⲥ ⲛ[ϣⲏⲣⲉ] (Orlandi lapsu calami ⲛ[ⲥⲟⲛ]) ⲁⲥⲡⲁⲓⲇⲉⲩⲉ ⲙ[ⲙⲟϥ]‖ (5) ϩⲛ ⲛⲉⲥⲃⲟⲟⲩⲉ | [ⲉⲧϩⲟ]ⲟⲩ (inc. Heid. V° b) ⲛⲙⲡⲉ[ⲣ]‖[ⲥⲟⲥ ϩⲱⲥ] ϣⲏⲣⲉ | [ⲛⲉϥⲟ ⲛⲁⲥⲉ]ⲃⲏⲥ | [ⲉⲡⲉϩⲟⲩⲟ·] ⲁⲥϫⲱⲣ | (10) [ⲛⲟⲩⲥⲟⲧ]ⲉ ⲉϥⲙⲉϩ | [ⲙⲡⲉⲧϩⲟⲟ]ⲩ ⲉϩⲟⲩⲛ | [ⲉⲧⲙⲛ]ⲧⲣⲱⲙⲉ | ⲡϩⲙϩⲁⲗ ⲇⲉ ⲉⲧϩⲟⲟⲩ | ⲉⲧⲙⲙⲁⲩ ⲉⲧⲉ | (15) ⲕⲟⲩⲃⲣⲓⲕⲟⲥ ⲡⲉ | ⲁϥϣⲱⲡ[ⲉ ϩⲛ] | ⲧⲙⲏ[ⲧⲉ... K b 8-9 Orlandi lac. K b 10 [ⲙⲡⲉⲓⲥⲟⲧ]ⲉ Orlandi **8-9.** Schmidt **11.** ⲛⲛⲓ[: ⲓ unsicher, aber keinesfalls ϫ **13-16.** kleines Fragment, abgegrenzt durch gestrichelte Linie **14.** Schmidt **16.** erster und letzter Buchstabe unsicher, Spuren vor ⲙ̄ⲛ nicht lesbar.

4

Übersetzung

R° *a 1-6*: vgl. Cat. VI 22 p. 184,22 - 186,1, ed. Reischl

»(Das dritte ist das Buch)]\[der My]sterien; [das] vier[te] aber, das [sie] [vor]legen, ist der The[saurus], das [ist] der (Schatz) [des Todes]«.

5f. ⲉ]ⲧⲉ ⲡⲁ[ⲡⲙⲟⲩ ⲡⲉ]: vgl. Petrus Siculus bei Kyrill, p. 188 App. Anm. 1: ἥπερ ἐστὶ θησαυρὸς θανάτου.

R° *a 6-10*: vgl. Cat. VI 22, p. 186,1-2

»Er (Skythianos) hatte [aber einen] Schüler namens Te[rebinth]os«.

R° *a 11-15*: vgl. Cat. VI 22, p. 186,2-4

»[Sein Meister] Skythi[anos] aber [beschloß] nach Judäa [zu] gehen, um mit seinen Büchern zu lehren [...«

11. Bilabel (Ed. S. 8 und S. 12) und Carl Schmidt (Sp. 378) ließen den Skythianos bereits in Zeile 11 sterben. Das Fragment berichtet jedoch, in Übereinstimmung mit dem griechischen Kyrill, dessen Aufbruch nach Judäa.

12. ⲁϥⲧⲟ]⸢ϣ⸥ϥ: vgl. p. 186,2 προῃρημένου.

14-15. fehlt im griechischen Kyrill.

Koptisch verloren: der plötzliche Tod des Skythianos und, ab VI 23, die Niederlage des Terebinthos in Judäa.

Die Übersetzung »um zu lehren« basiert auf der Konjektur ⲉⲧⲣⲉϥϯ<ⲥ>ⲃⲱ, vgl. Fußnote zum Text R° a 14.

R° *b 1-7*: vgl. Cat. VI 23, p. 186,(7-)8

»... [da er] in jenem [Land verachtet war], beschloß er <an einen anderen Ort> zu gehen, und so beschloß er nach der Persis zu gehen«.

2-4. Der koptische Text bietet: »er beschloß an jenen Ort zu gehen«.

Der überlieferte Wortlaut stört jedoch den Zusammenhang, der Sinn ist vielmehr, daß Terebinthos nach seiner Niederlage beschließt, Judäa zu verlassen und nach der Persis zu gehen; daher mit minimaler Textänderung statt ⲉⲡⲙⲁ ⲉⲧⲙⲙⲁⲩ »an jenen Ort«: ⲉⲕⲉⲙⲁ »an einen anderen Ort«. Der griechische Text hat nur (p. 186,8) ἔκρινεν εἰς τὴν Περσίδα μετελθεῖν.

R° b 7-13: vgl. Cat. VI 23, p. 186,8-10

»Danach wollte er seinen Namen verbergen, damit er an jenem Ort nicht erkannt würde, und nannte sich Buddha (Bouta)«.

R° b 14-18: vgl. Cat. VI 23, p. 186,10-11

»Und sie dienten dem Mithra, das ist die Sonne, [auf] dem Turm (?), indem sie [ihn verehrten]...«.

16-18. fehlt griechisch.

Zur Ergänzung »Turm« Z. 17, vgl. oben zu R° b 17. Der Zusatz zum griechischen Text scheint dadurch motiviert, daß die Mithrasdiener, die als Sonnenverehrer bezeichnet werden, ihrem Gott auf einem Turm huldigen (um ihm möglichst nahe zu sein).

In dem verlorenen Schlußteil des R° dürfte, entsprechend dem griechsichen Kyrill (p. 186,11-13), von der Niederlage des Terebinthos im Disput mit den Mithrasdienern, seiner Flucht zu der Witwe, dem Aufstieg auf ein erhöhtes Bauwerk (Kyrill, p. 186,12-13, ἐπὶ δώματος ἀνελθών) und der Dämonenbeschwörung die Rede sein. Daran schließt die Rückseite des Blattes unmittelbar an:

V° a 1-6: vgl. Cat. VI 23, p. 186,13-15

(»Und er beschwor die Dämonen)] | [der Lüfte], die die Manichäer bis zum heutigen Tage bei der besudelten Feige anrufen«.

1. Anschluß an R° b ult.: ⲛ̄ⲛ̄ⲇⲁⲓⲙⲱⲛ]||[ⲛ̄ⲛ̄ⲧⲏⲩ], vgl. Kyrill, p. 186,13 προσκαλεσάμενος τοὺς ἀερίους δαίμονας.

V° a 7-13: vgl. Cat. VI 23, p. 186,15-16

»(Aber) Gott schlug ihn und er stürzte hinab auf das Dach *und verdorrte. Und also starb das zweite Tier«.*

8-9. Der koptische Text hat wörtlich »*auf* (Z. 9 ϩⲓϫⲛ) das Dach«, der griechische hingegen »er stürzte herab *von* dem Dache« (p. 186,15-16 καταβληθεὶς ἀπὸ τοῦ δώματος). Carl Schmidt (Sp. 379) faßte ϩⲓϫⲛ im Sinne von ⲉⲃⲟⲗ ϩⲓϫⲛ auf und erzielte dadurch Übereinstimmung mit dem griechischen Text. Nach Crum, Dict. 758^b heißt ϩⲓϫⲛ zunächst einmal »auf«, kann aber auch wie ⲉⲃⲟⲗ ϩⲓϫⲛ »von, weg« (Dict. 759[a]) verwendet werden. Vorstellbar ist auch, daß Terebinthos von einem höher gelegenen Gebäudeteil, etwa einem Turm, auf ein darunter liegendes Dach stürzt und dort zerschellt. Die (vermutete) Turmbesteigung könnte eine Reminiszenz an die Episode der Acta Archelai cp. 63 »mane primo ascendit *solarium* quoddam *excelsum*« (p. 92,8 Beeson) sein, also ein »erhöhtes Sonnendach«, das sich der koptische Übersetzer (oder schon seine Vorlage) als Turm vorgestellt hat - die Szene spielt ja in Babylonien.

V° a 13-18: vgl. Cat. VI 24, p. 186,17

»Aber seine Bücher wurden ihnen offenbart zur bleibenden Erinnerung an seine Gottlosigkeit«.

Griechisch kürzer: ἀλλ'ἔμεινε τὰ ὑπομνηστικὰ τῆς ἀσεβείας βιβλία.

V° a 18-20 (ff.): vgl. Cat. VI 24, p. 186,18 (19 - 188,1)

»Und [danach (o. ä.) erbte] die Witwe...«.

Hier setzt das Wiener Fragment ein, s.o. S. 46.

In dem abgebrochenen Stück der Kolumne wurde der Kauf des Korbikios (griech. und im Wiener Fragment »Koubrikos«) durch die Witwe, dessen Adoption und Erziehung berichtet.

V° b 1-8: vgl. Cat.> VI 24, p. 188,1-3; K 8502g R° b 4-17

»(Und sie ließ ihn unterweisen in der Lehre)] | der Pers[er als] Sohn. [Dieser aber] wurde [zu einem] üblen [Geschoß wider die] Mensch[heit]. [Und der böse] Sklave Korbik[ios tat sich hervor] in der Ph[ilosophie]«.

V° b 9-11: vgl. Cat. VI 24, p. 188,3-5

»Als [aber] die W[itwe starb], empfing [er] die(se) [Bücher]«.

V° b 12-15 (16): vgl. Cat. VI 24, p. 188,5-6

»Danach [aber, da]m[it nicht] der Name der Knecht[schaft] bei [ihm] (oder: bei [ihnen], ⲛⲙⲙⲁ[ⲩ]*) [(zu Schimpf und Schande o. ä.)] werde...«.*

Soweit die Reste des Fragmente erkennen lassen, schließt sich der koptische Text eng an die griechische Vorlage an: εἶτα, ἵνα μὴ τὸ τῆς δουλείας τοῦ Κουβρίκου ὄνομα ἐπονειδιστὸν ᾖ...

Zeile **16** ist nicht rekonstruierbar; am Anfang möglicherweise Circumstantialis (ϣⲱⲡⲉ ⲛⲙⲙⲁ[ϥ] | ⲉ[ϥ-...) oder ⲉ[ⲩ-... (»werden zu...«, Substantiv mit unbestimmten Artikel).

Es folgte die Umbenennung des Korbikios in Mani (Kyrill griech., p. 188,6ff.).

5

Im Jahre 1932 gelang es Hans Jakob Polotsky, Exzerpte aus den Acta Archelai (wohl *via* Epiphanius) in koptischer Übersetzung nachzuweisen[8]. Als Quelle der Zitate vermutete Polotsky eine Art »handliche(r) Auszüge«, die dem praktischen Zweck der Ketzerbekämpfung dienten. Diesem Zwecke diente wohl auch das Heidelberger Fragment aus der VI. Katechese des Kyrill von Jerusalem[9]. Im Lichte der Wiener Kyrillfragmente[10], ebenfalls aus der VI. Katechese, erhebt sich die Frage, ob das Heidelberger Fragment von vornherein als »Exzerpt« (so Polotsky) angelegt war oder ob zufällig nur jenes Blatt erhalten ist, das sich mit der Vorgeschichte des Manichäismus befaßt. Denn die Wiener Fragmente setzen bereits am Ende des 11. Abschnitts, der um die Widerlegung des Polytheismus der »Griechen« bemüht ist, ein; erst im 12. Abschnitt beginnt die Auseinandersetzung mit den christlichen Häresien,

[8] Koptische Zitate aus den Acta Archelai, in: *Le Muséon* 45, 1932, 18-20.

[9] Polotsky, a.a.O., S. 20 Anm. 2. Vor dieser letzten wichtigen Anmerkung scheint die Aufmerksamkeit einiger Leser erlahmt zu sein.

[10] Siehe oben Anm. 5.

hauptsächlich die Gnostiker, sodann, ab VI 21 Ende, Mani und der Manichäismus. Neben dem Heidelberger Fragment gab es zumindest eine weitere koptische Kyrillübersetzung, deren erhaltener Teil nicht nur die christlichen Häresien erfaßte. Ob von hier aus auf umfangreichere Teilübersetzungen oder gar eine vollständige koptische Version der Katechesen des Kyrill von Jerusalem geschlossen werden darf, kann nur durch weitere Textfunde beantwortet werden. Ebenso bleibt die Frage offen, ob es sich bei dem Heidelberger Fragment um ein Exzerpt *ad hoc* handelt oder um den kläglichen Rest einer einst umfangreicheren Übersetzung aus den Katechesen des Kyrill von Jerusalem.

Orientalisches Seminar der Universität Bonn
Regina-Pacis-Weg 7
D-53113 BONN

HISTOIRE DES FOUILLES DE BAOUÎT

par

Dominique BÉNAZETH

La donation des archives de Jean Clédat au Louvre jette une lumière nouvelle sur les fouilles de Baouît, site de Moyenne Égypte. Un vaste monastère y avait été fondé dès le IVe siècle par le Père Apollo et agrandi vers le Ve-VIe siècle. Deux églises s'élevaient parmi les nombreuses constructions, dont un secteur était peut-être réservé aux nonnes. Des cimetières se trouvaient à proximité. Les fouilles ont non seulement contribué à la connaissance de l'architecture copte, mais ont encore fourni de magnifiques peintures et sculptures, sur bois et sur calcaire, sans compter les nombreuses inscriptions et graffiti. La moitié des trouvailles a été donnée au Louvre et forme une partie considérable de sa collection copte.

Je me propose de retracer l'histoire de la découverte de ce site.

Le village de Baouît se trouve en Moyenne Égypte, sur la rive gauche du Nil, entre Achmounein (Hermopolis Magna) et Coussieh (Aphroditopolis), à environ 15 km au nord de Meir. Non loin, vers l'ouest, à la lisière du désert, s'étendent sur près d'un km^2 des éminences qui atteignent parfois une dizaine de mètres de hauteur. L'ensemble forme le *kôm* de Baouît (Fig. 1). Prospectant sur le site au début du siècle, Jean Clédat repéra des affleurements de murs recouverts de peintures, annonça la présence d'une église et copia quelques inscriptions. Les chercheurs de *sebakh*[1] avaient déjà travaillé là et chaque année des antiquités parvenaient au musée de Guizeh. Un certain nombre d'objets fut ainsi proposé à Clédat. Il remarqua aussi des sculptures remployées (dans la maison de l'*omdeh* ou chef du village, à l'entrée de la mosquée de Baouît et de celle, toute proche, de Dashlout). Il signala le grand intérêt qu'il y aurait à pratiquer des fouilles méthodiques[2].

[1] «*sebakh*» désigne la terre des *kôms* ou buttes archéologiques que les paysans égyptiens apprécient pour leurs cultures. Les «*sebakhîn*» sont redoutables pour l'archéologue, mais peuvent aussi travailler avec lui.

[2] CLÉDAT, *BIFAO*, I, p. 90.

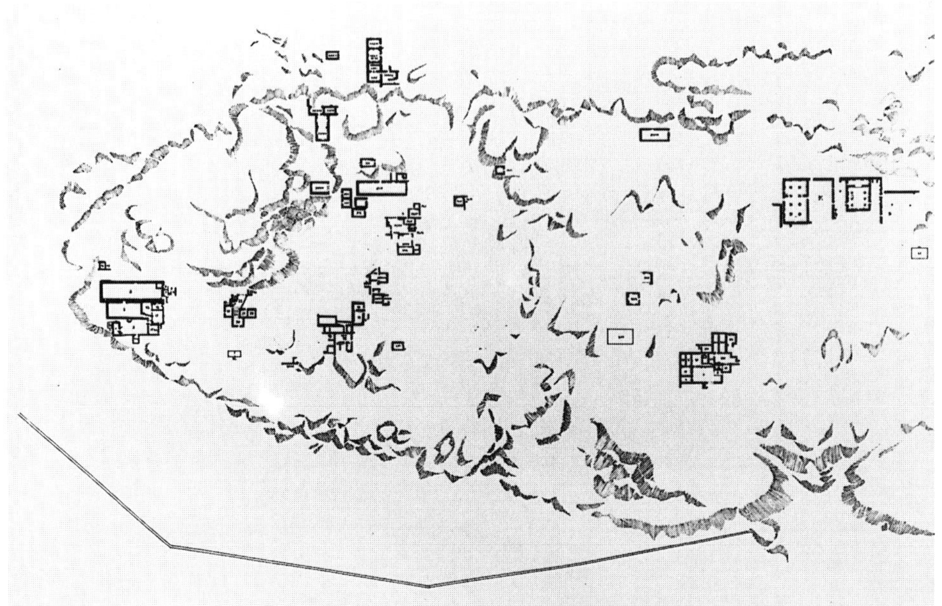

Fig. 1. — Le *kôm* de Baouît, partie nord
Plan de J.-C. Golvin

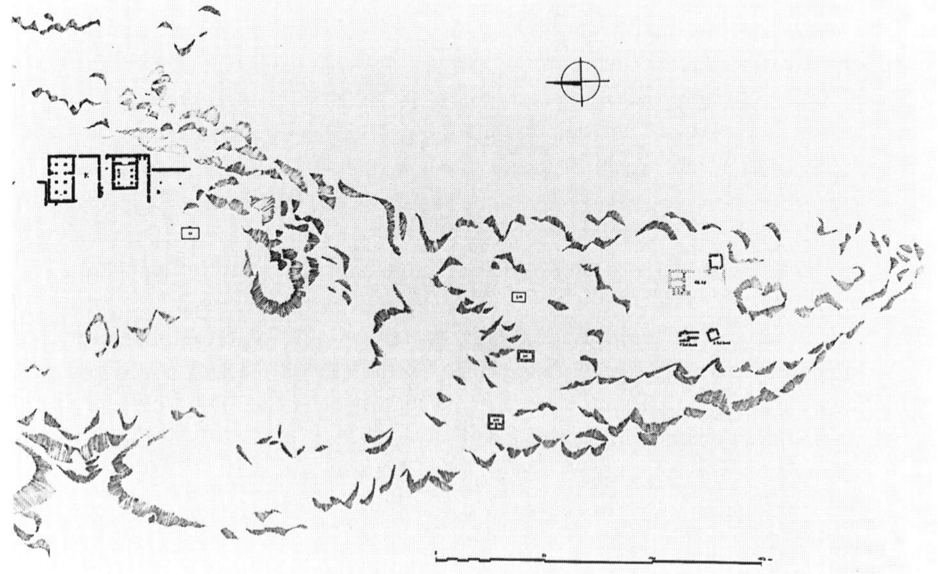

Fig. 1. — Le *kôm* de Baouît, partie sud
Plan de J.-C. Golvin

Les campagnes de fouilles

1. *La première saison*

Elle se déroula de novembre 1901 à juin 1902. Jean Clédat, alors membre de l'I.F.A.O., en était chargé; il commença par pratiquer des sondages dans l'église qu'il avait repérée. Émile Chassinat, le directeur de l'I.F.A.O., rejoignit alors Clédat, en compagnie de Charles Palanque, et prit la direction des fouilles de ce secteur[3] (Fig. 2). Deux églises parallèles apparurent, construites en calcaire, avec ornements en bois (Fig. 3), sur un plan basilical à chevet plat. Elles furent dénommées, selon leur emplacement, «église sud» et «église nord» (l'église sud a été, depuis, partiellement reconstituée au musée du Louvre).

Clédat dégagea des groupes de bâtiments disséminés au centre et au nord du site; il les désigna sous le terme de «chapelles funéraires»[4] et il les numérota selon l'ordre de leur découverte, au moyen de chiffres romains; il atteignit ainsi le nombre XXVIII[5]. Ces constructions sont isolées ou groupées: le plus grand ensemble comprend les pièces I à XV. Bâties en briques crues, elles sont carrées ou rectangulaires et voûtées (à l'origine) de coupoles ou de berceaux, ou bien pourvues d'un étage ou d'une terrasse. La plupart possède une ou plusieurs niches, en général peintes; certains linteaux sont en bois ou en calcaire; quelques fenêtres présentaient encore des vitres de couleur prises dans un châssis de plâtre. Les murs sont recouverts d'un enduit blanc et portent souvent des peintures, des inscriptions et des graffiti: trois de ces graffiti sont datés du VIIIe siècle A.D. Les objets retrouvés sont de la poterie utilitaire et un fragment de papyrus copte.

Clédat découvrit par ailleurs les traces d'une muraille d'enceinte contournant l'ensemble du *kôm* au nord et à l'ouest. Au-delà[6], il prospecta une nécropole, dans une plaine sablonneuse située entre l'enceinte et la montagne (qui sont éloignées de 450 mètres): les fosses sont creusées dans le sable et parées de briques crues; elles se composent d'une ou plusieurs chambres, pouvant sans doute recevoir plusieurs corps; leur voûte en berceau devait émerger au niveau du sol. Parmi les morts

[3] Chassinat, MIFAO XIII et Clédat, *DACL*.
[4] Cependant, Clédat, *DACL*, module cette dénomination.
[5] Clédat, MIFAO, XII.
[6] Clédat, *CRAIBL*, 1902 et *DACL*.

retrouvés, Clédat mentionne des femmes et des enfants; ils étaient vêtus et entourés de linceuls et d'une enveloppe en fibres de palmier leur donnant un aspect de momie; la tête présentait la curieuse forme d'un fer de hache.

Sur la montagne, il dégagea l'une des nombreuses constructions formant de petites éminences (Fig. 4): il découvrit un groupement de cours et de pièces, comme dans les ensembles dégagés à l'intérieur de l'enceinte; il fouilla aussi sur la montagne deux chapelles à coupole, qu'il qualifia de tombes, bien qu'il n'y ait découvert aucun corps; leur caractéristique est un puits profond d'une dizaine de mètres, creusé sous la chapelle; les deux puits fouillés n'étaient suivis d'aucune chambre et la destination de ces constructions reste mystérieuse.

2. *Hivers 1903 et 1904*

Avec l'aide d'une subvention du ministère de l'Instruction Publique et d'un donateur, Georges Guestier, Jean Clédat dirigea ces deux nouvelles campagnes et poursuivit la fouille des «chapelles»; il découvrit ainsi les pièces XXX à LI, parmi lesquelles certaines étaient attenantes aux ensembles fouillés précédemment[7]. Il rencontra le même type de constructions mais put déceler parfois plusieurs étapes de remaniements.

Émile Chassinat avait demandé à Charles Palanque de contrôler le travail des *sebakhîn*, qu'il fallait bien admettre, en deux points[8]:

– entre les églises sud et nord, désignées alors comme «chapelle n° 1» et «chapelle n° 4», il décela de petites constructions, qu'il appelle «cellules», isolées ou communicantes, dont certaines avaient été voûtées. Une vasque de marbre, prise dans une maçonnerie rose, était flanquée de quatre colonnes en calcaire. Il trouva des amphores, un encensoir de bronze, un bas-relief (aujourd'hui au Louvre) et des ossements humains détériorés;

– dans la partie sud du *kôm*, secteur qui n'avait pas encore été fouillé, il découvrit de petites constructions assez simples et une quarantaine de «chapelles», qu'il numérota au moyen de chiffres arabes (Fig. 1). Certaines étaient ornées de peintures. Parmi les objets, il mentionne de la céramique et une croix en bois peinte d'un buste du Christ entouré de deux têtes d'anges.

[7] Clédat, MIFAO, XXXIX (qui s'arrête à la chapelle XL) et *CRAIBL*, 1904.
[8] Palanque, *BIFAO* V.

Fig. 2. — Fouille des églises. Photo Archives Clédat, Louvre.

Fig. 3. — Détail de l'église sud: calcaire, bois, inscription. D'après CHASSINAT, pl. XXXVI.

Fig. 4. — Fouille sur la montagne (1901-2). Photo Archives Clédat, Louvre: préparée pour le fascicule 2 des *MIFAO* XXXIX; elle apparaissait déjà dans les *MIFAO* XII, pl. VII.

Fig. 5. — Fouille de la salle 6. D'après *MIFAO* LIX, pl. XV.

3. *Campagne de 1905*

Cette saison de fouilles n'a pas été publiée; nous en avons connaissance par le carnet que tenait Jean Clédat et qui vient d'être donné au Louvre par sa fille. Ces notes commencent à la date du 28 avril. Il mentionne les «chapelles» LII à LIX, qui semblent bien dégradées mais montrent quelques vestiges de peintures, comme une Vierge à l'Enfant dans la «chapelle» LV.

Il explora aussi une nécropole au sud, dans la zone du «jardin» et du cimetière modernes; il y trouva de nombreux morts couchés sur le côté, la tête tournée vers l'est; ils étaient généralement appuyés contre une rangée de briques, et simplement enveloppés d'un linceul blanc: il les considère comme de très basse époque, peut-être arabe. En revanche, d'autres dépouilles étaient du type déjà découvert auparavant et présentaient le même mode d'ensevelissement. Il trouva à côté des morts: un bâton traversé par une cheville en fer, un objet de bois denticulé et quelques croix en bois, dont il manquait la branche horizontale; des inscriptions y étaient gravées. Il signale enfin quelques tombes entre le cimetière moderne et le *kôm*; ce sont des trous bouchés avec des briques ou bien recouverts par un petit édifice rectangulaire en briques crues, dont la partie supérieure était brisée. Près de certains morts, il découvrit une lampe ou une coupe plate, un couvercle de boîte carrée avec des cavités hémisphériques.

4. *Campagne de 1913*

Après une longue interruption, les fouilles furent confiées à Jean Maspero, membre de l'I.F.A.O., par Pierre Lacau, alors directeur de cet Institut. La saison se déroula de janvier à mars 1913[9]. Maspero suivit les traces de l'enceinte, repérées par Clédat au nord et à l'ouest, jusqu'à la pointe méridionale du *kôm*, à l'entrée du cimetière moderne.

Il poursuivit le dégagement des monuments dans la partie nord, où il trouva plusieurs groupes de salles, auxquelles il affecta les numéros 1 à 38 (chiffres arabes). Dans l'ensemble le plus important (1 à 17 bis), plusieurs étapes d'aménagement ont été discernées[10]; une longue salle, la plus grande qui ait été dégagée à Baouît, a dû servir de salle commune, lieu de réception ou réfectoire (Fig. 5). La peinture qui ornait sa niche a

[9] Maspero, *CRAIBL*, 1913 et MIFAO, LIX.
[10] Torp.

été déposée au musée copte du Caire (Christ de l'Apocalypse au-dessus de la Vierge entre les Apôtres). Dans une salle voisine fut trouvée une peinture sur bois représentant le chantre Hor. Maspero signale des placards, encore compartimentés au moyen de bois ou de ramures de palmier, une cour où étaient enterrées des nombreuses jarres, un *zir*, plusieurs cuisines avec fourneaux et poteries incluses dans la maçonnerie, des récipients contenant encore des poissons séchés ou du sel. Il est porté à croire que tous les bâtiments découverts appartiennent au couvent et non à une nécropole.

Au sud du *kôm*, il dégagea encore les salles 40 à 45. Cette partie devait correspondre à un monastère de femmes, car les peintures et les inscriptions de ce secteur concernent fréquemment des religieuses. Les constructions lui parurent moins soignées que les ensembles du nord mais l'endroit avait été très visité par les *sebakhîn*. Une écurie présentait encore les attaches pour les ânes; elle servit par la suite de réserve de vivres: Maspero y trouva des vases emplis de poissons, du persil, du sel, de la vaisselle. Les autres trouvailles se résument en quelques fragments de papyrus, avec reste de couverture en cuir, de la céramique, des plats en bois, un peigne, un filet, un van en fibres de palmier et autres menus objets de bois ou de métal.

Il signale aussi un jardin construit autour d'une *saqqieh* antique (roue élévatrice d'eau).

Enfin, il prospecta sur le pourtour du *kôm*, où se dressent des éminences factices composées de débris: tessons, lambeaux d'étoffes, fragments de papyrus et ostraca grecs et coptes, archives économiques du couvent.

5. *Les fouilles récentes*

Monsieur Abbas El-Shennawi, actuellement directeur du musée de Port-Saïd, dirigea des fouilles à Baouît en 1976, alors qu'il était inspecteur des Antiquités Islamiques et Coptes. Deux morceaux de très belles peintures murales et la partie supérieure d'une niche décorée furent transportées au musée Copte du Vieux-Caire. Le même directeur continua les fouilles en 1984; les monuments qu'il découvrit sont maintenant dans une réserve d'El-Achmounein. En 1985, Monsieur Yahya Ahmed Mohammed, inspecteur des Antiquités Islamiques et Coptes, reprit les fouilles, mais ne les a pas poursuivies depuis. Je tiens à remercier ici le Docteur Gawdat Gabra, directeur du musée Copte du Vieux-Caire, qui m'a aimablement fourni ces précieux renseignements.

RÉSULTAT DES FOUILLES

Les campagnes ont été peu nombreuses, mais beaucoup de monuments ont été exhumés. La rapidité de ces dégagements s'explique par la nature du terrain: il s'agissait d'enlever le sable accumulé par les ans; cependant, les archéologues ont mentionné de grosses difficultés, comme l'action aveugle des *sebakhîn* ou la fragilité des peintures, qui, sous l'effet du vent, se désagrégeaient dès leur découverte. H. Torp estime que 5% des ruines seulement a été fouillé par les Français.

D'autres difficultés se présentent pour l'étude des résultats: le manque de plans précis et de relevés topographiques[11]. La publication des fouilles est restée incomplète: le volume de textes correspondant à la fouille des deux églises, et qui devait accompagner les planches publiées[12] n'est jamais paru; la mort prématurée de Jean Maspero a fait regretter l'absence d'une étude complète de sa part[13]; néanmoins, E. Drioton a publié ses carnets de fouilles, illustrés de photographies et d'aquarelles[14]. Dans l'ensemble des 353 clichés de Jean Clédat conservés à la bibliothèque de l'École Pratique des Hautes Études[15], 193 sont inédits. Le Louvre vient de recevoir en généreuse donation les archives de Jean Clédat avec les carnets de fouilles et de nombreuses photographies inédites, en particulier de peintures murales; grâce à cette documentation, nous espérons qu'un ouvrage posthume du même type verra le jour. Nous attendons également les rapports de fouilles des missions égyptiennes.

En dépit de cette publication incomplète des fouilles, des études ont déjà été publiées, comme celle de M. Severin sur l'église sud de Baouît[16] ou celle de M. Torp sur un groupe de bâtiments conventuels[17]. Il est aussi possible d'étudier les monuments sortis du sol de Baouît et remployés sur place ou conservés dans les musées: musée Copte du Vieux-Caire, musée du Louvre, musée de Berlin, Metropolitan Museum de New York, musée du Périgord à Périgueux[18] et peut-être d'autres encore...

[11] H. TORP a tenté de dresser un plan d'ensemble, mais sans pouvoir restituer tous les éléments mentionnés par les archéologues. Le plan de J.-C. Golvin (Fig. 1) tient compte des renseignements inédits fournis par les archives Clédat

[12] CHASSINAT, MIFAO XIII.

[13] SCHLUMBERGER, *CRAIBL*, 1919.

[14] MIFAO LIX.

[15] MILLET et coll., *Catalogue*, p. 16-27.

[16] SEVERIN.

[17] TORP.

[18] Un mémoire de l'École du Louvre vient d'être rédigé sur la collection de tissus coptes du musée de Périgueux: 24 d'entre eux proviennent de Baouît.

Le site de Baouît, déjà très documenté, n'a pas encore livré tous ses secrets.

Abreviations bibliographiques

Chassinat, MIFAO XIII = E. Chassinat, *Fouilles à Baouît*, tome I, 1er fascicule, [MIFAO XIII], 1911 (le volume de texte n'est pas paru).

Clédat, *BIFAO*, I = J. Clédat, «Notes archéologiques et philologiques», *BIFAO*, I, 1901, p. 87-97.

Clédat, *DACL* = J. Clédat, article «Baouït» dans le *Dictionnaire d'archéologie chrétienne et de liturgie*, II, 1925, colonnes 203-251.

Clédat, MIFAO XII = J. Clédat, *Le monastère et la nécropole de Baouît*, tome I, fascicules 1 et 2, [MIFAO XII], 1904.

Clédat, *CRAIBL*, 1902 = J. Clédat, «Recherches sur le kôm de Baouît», *CRAIBL*, 17 octobre 1902, p. 525-546.

Clédat, MIFAO XXXIX = J. Clédat, *Le monastère et la nécropole de Baouît*, tome II, 1er fascicule, [MIFAO XXXIX], 1916 (le deuxième fascicule fera l'objet d'une publication posthume).

Clédat, *CRAIBL*, 1904 = J. Clédat, «Nouvelles recherches à Baouît (Haute-Égypte). Campagnes 1903-1904», *CRAIBL*, 1904, p. 517-526.

Palanque, *BIFAO* V = C. Palanque, «Rapport sur les recherches effectuées à Baouît en 1903», *BIFAO*, V, 1906, p. 1-21.

Maspero, *CRAIBL*, 1913 = J. Maspero, «Rapport de Monsieur Jean Maspero sur les fouilles entreprises à Baouît», *CRAIBL*, 41, 1913, p. 287-301. Ce texte est repris dans:

Maspero, MIFAO LIX = *Fouilles exécutées à Baouît par Jean Maspero*, notes mises en ordre et éditées par E. Drioton, [MIFAO LIX], 1932 (fascicule 1) et 1943 (fascicule 2).

Millet et coll., *Catalogue* = *Catalogue des négatifs de la collection chrétienne et byzantine fondée par Gabriel Millet*, [Bibliothèque de l'École des Hautes Études, section des Sciences Religieuses, vol. LXVII], Paris, nouvelle édition 1955.

Schlumberger, *CRAIBL*, 1919 = G. Schlumberger, «Les fouilles de Jean Maspero à Baouît en 1913», *CRAIBL*, 47, 1919, p. 243-248.

Severin = H.-G. Severin, «Zur Süd-Kirche von Bawīṭ», *MDAIK*, 33, 1977, p. 113-124.

Torp = H. Torp, «Le monastère copte de Baouît. Quelques notes d'introduction», *Acta ad Archaeologiam et Artium Historiam Pertinentia*, IX, (Institutum Romanum Norvegiae), 1981, p. 1-8.

Département des antiquités égyptiennes - section copte
Musée du louvre
F-75058 PARIS-CEDEX 01

LA PREMIÈRE EXPOSITION COPTE EN RUSSIE

par

Alexandre KAKOVKINE

Dans les années 1880 et au début de notre siècle les archéologues ont fait en Égypte des découvertes qui ont enrichi la science d'informations précieuses. On mit au jour des vestiges architecturaux, des œuvres de la peinture monumentale et de chevalet, des reliefs de pierre et de bois, des objets religieux et profanes en bois, métal, cuir, verre, des objets en ivoire et en nacre, des bibliothèques entières de papyrus, parchemins et ostraca rédigés en grec, copte et arabe aux sujets les plus divers. Les fouilles dans les nécropoles ont livré un grand nombre de portraits de momies peints sur des planchettes de bois (dénommées «portraits du Fayoum»), des stèles funéraires en pierre et en bois, des tissus de toutes sortes. La plupart de ces trouvailles, dont la quantité ne cessait de croître d'année en année, pouvait être datée de la période de l'Égypte chrétienne qu'on appelle aussi la période «copte».

La nouveauté du style et le caractère original de ces objets d'art égyptien ont suscité un intérêt considérable. Les fouilles ont été menées alors à grande échelle dans la vallée du Nil où les savants, fonctionnaires des musées, amateurs d'antiquités et collectionneurs se sont précipités. La majorité d'entre eux était des Européens, venus en premier lieu de France (J. Maspero, A. Gayet, J. Clédat), mais aussi d'autres pays. Pour sa part, la Russie n'est pas restée indifférente. Elle a toujours eu des liens étroits avec le pays des pharaons. Après la campagne de Napoléon au Proche-Orient, l'Égypte a été redécouverte par l'Europe et les savants russes tels que A.S. Norev, N.A. Mouraviov, K. von Tischendorf, A.V. Prakhov. D'autres, moins connus, ont visité ce pays ayant pour but les recherches scientifiques et l'étude du pays en général. Dans la première moitié des années 1870, Wladimir Golénichtchev[1], qui en 1879 fut reçu

[1] Je ne crois pas nécessaire de m'étendre devant l'auditoire d'aujourd'hui sur la personnalité de W. Golénichtchev (ou Golénischeff). Je voudrais seulement évoquer qu'il a vécu une grande partie de sa vie en France où il est mort en 1947. Il y a quelques années, un livre a paru à Moscou, qui était dédié à ce savant illustre et ce grand homme. Dans ce livre, on a utilisé aussi les matériels tirés des recueils: «L'éminent orientaliste russe W.S. Golénichtchev et l'histoire de l'achat de sa collection par le musée des Beaux-Arts (1909-1912)», Moscou, 1987.

Fig. 1. — Wladimir de Bock (1850-1899), conservateur à l'Ermitage Impérial.

«au service à l'Ermitage Impérial sans être membre du personnel et sans salaire», visita l'Égypte plusieurs fois. Le 10 septembre 1888 il entreprit son troisième voyage dans la vallée du Nil. Son compagnon de voyage était Wladimir de Bock[2] qui, deux ans plus tôt, avait été reçu à l'Ermitage Impérial en qualité de conservateur au département du Moyen Âge et de la Renaissance (Fig. 1). Les deux savants firent ce voyage à leurs frais. Ils séjournèrent en Égypte sept mois visitant Alexandrie, Le Caire, l'oasis du Fayoum, Akhmîm, Louqsor et les autres parties du pays. W. Golénichtchev publia un rapport détaillé[3] à propos de ce voyage; outre cela, il put élargir considérablement sa collection[4].

Pour W. de Bock, lui aussi, le voyage eut des résultats fructueux. Il organisa des fouilles en plusieurs endroits: description de nécropoles, mesures, plans, photographies et description de nombreux monuments (Fig. 2). Mais la plus grande partie de son temps fut consacrée aux achats des tissus coptes. Après être rentré à Saint Pétersbourg, le 17 avril 1889, il accomplit toutes les formalités pour remettre à l'Ermitage plus de deux mille tissus. Après ce don, l'Ermitage qui n'avait que 30 objets coptes[5] devint le plus grand propriétaire dans le monde d'une collection de tissus égyptiens datant du IVe au XIIe siècle (nous en comptons actuellement 3300). Cet événement trouva un écho considérable dans les milieux scientifiques.

À cette époque, aucune autre collection de tissus coptes ne pouvait rivaliser avec celle de l'Ermitage: environ 500 pièces étaient conservées au musée de l'École centrale de Dessins techniques du baron A.L. Stiglitz; la collection de W. Golénichtchev comportait un peu plus de 100 pièces. Des personnes telles que N.I. Vorobiov et N.F. Romantchenko à Saint Pétersbourg, les époux Khanenko à Kiev, la princesse M.K. Ténichéva à Smolensk, l'académicien N.P. Likhatchev à Saint Pétersbourg n'en avaient que quelques dizaines.

[2] Sur Wladimir de Bock; voir: A. Kakovkine, «La collection copte à l'Ermitage pendant cent ans», *L'histoire de l'Ermitage et de ses collections*, Léningrad, 1989, p. 93-94.

[3] W.S. Golénichtchev, «Les résultats archéologiques du voyage à travers l'Égypte en hiver 1887-1888», *Mémoires du département oriental de la Société Archéologique Impériale Russe*, Saint Petersbourg, 1890, t. V, fasc. I, p. 1-30.

[4] La collection de W. Golénichtchev contenait des objets s'étendant sur un vaste champ chronologique et provenant des régions de la Méditerranée orientale. La gêne financière a forcé W. Golénichtchev à la vendre au Gouvernement Russe qui, à son tour, l'a remise au musée des Beaux-Arts Empereur Alexandre III à Moscou (actuellement ce musée porte le nom de: musée des Beaux-Arts Pouchkine).

[5] En 1881, l'Académie des Sciences de la Russie a remis à l'Ermitage Impérial de la collection de K. von Tischendorf une dalle de pierre portant une inscription ainsi que deux tablettes en ivoire. En 1889 le comte Alexandre Bobrinski a fait au musée un don qui comptait 29 tissus coptes.

Les spécimens les plus intéressants rapportés par W. de Bock (plus de 200) firent immédiatement partie de l'exposition à l'Ermitage: ils furent placés dans cinq armoires peu de temps avant la création du Département du Moyen Âge et de la Renaissance (1886)[6]. W. de Bock présenta aux milieux scientifiques russes les plus remarquables étoffes coptes se trouvant à l'Ermitage lors d'un exposé au Huitième Congrès Archéologique à Moscou (1890)[7].

Cependant, W. de Bock comprenait bien que les tissus à eux seuls ne pouvaient donner une image complète de l'art et de la culture coptes. C'était évident si l'on comparait la collection de l'Ermitage à celles du Caire, d'Alexandrie, de Paris ou de Berlin. W. de Bock entreprit donc une nouvelle expédition dans la vallée du Nil pour y acquérir la quantité la plus vaste possible d'objets d'art. En été 1897 W. de Bock adressa une demande de mission en Égypte, qui fut acceptée. Le 16 septembre 1897 il reçut cinq mille roubles afin de «faire des fouilles et acheter en Égypte des objets d'art chrétiens et musulmans». Le 1er octobre W. de Bock partit pour l'Égypte d'où il revint le 1er mai de l'année suivante.

W. de Bock accomplit avec honneur le but qui lui avait été fixé. Outre les fouilles (près de Siout en décembre 1897), il considéra qu'il était essentiel d'acheter divers objets d'art s'échelonnant sur un vaste champ chronologique, entre le IIIe et le XIVe siècles. W. de Bock rapporta à Saint Pétersbourg plus de deux mille objets parmi lesquels des fragments de relief architecturaux, des stèles, des pièces d'ivoire et de bois, divers objets métalliques, des céramiques, des objets en verre, en cuir, en nacre, des peintures, des ostraca, des parchemins, des papyrus, des objets d'or. La collection copte de l'Ermitage Impérial excédait 4000 pièces. On doit y ajouter 37 moules de plâtre faits d'après les sculptures coptes, 15 épreuves pour de tels moules[8], 155 négatifs photographiques, 27 pellicules ainsi que de nombreux dessins techniques, plans et croquis.

[6] N.P. Kondakov, *L'Ermitage Impérial – L'index pour le département du Moyen Âge et de la Renaissance*, Saint Pétersbourg, 1891, p. 243-249.

[7] W.G. Bock, «Sur l'art copte – Les tissus façonnés coptes», *Actes du Huitième Congrès Archéologique à Moscou en 1890*, Moscou, 1897, t. III, p. 218-245, pl. XVI-XXII.

[8] La plupart de ces moules ont été remis par l'Ermitage Impérial au musée des Beaux-Arts Pouchkine à Moscou. Voir B.A. Touraév, «Département d'Orient chrétien au musée des Beaux-Arts Empereur Alexandre III à Moscou», *L'Orient chrétien*, Saint Pétersbourg, 1912, t. I, fasc. 2, p. 237.

Fig. 2. — Wladimir de Bock en Egypte (hiver 1888-1889).

Fig. 3. — «L'exposition des antiquités coptes et arabes», Saint Pétersbourg, l'Ermitage Impérial, les loggias de Raphaël, 1898-1899, vue générale.

Fig. 4. — Le présentoir des objet en bois.

Fig. 5. — Les tablettes et les présentoirs des objets de toreutique et sculptures en os.

Fig. 6. — Les tablettes et les présentoirs des objets de toreutique.

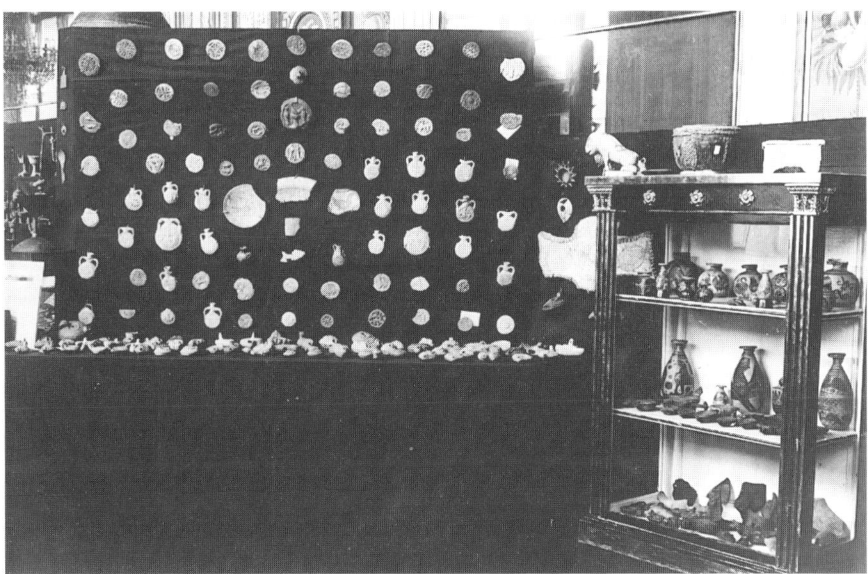

Fig. 7. — Le présentoir des objets de céramique.

Fig. 8. — Le présentoir des tissus.

Fig. 9. — Le présentoir des tissus et la vitrine des papyrus et des parchemins.

Fig. 10. — Le présentoir des tissus et la vitrine des tessons et des planchettes en bois avec des inscriptions grecques et coptes.

Fig.11. — La tablette des poteries.

Fig. 12. — La tablette des sculptures en pierre et des planchettes avec écritures grecques et coptes.

Fig.13. — Les présentoirs et les vitrines des plans et des photos des monastères de la vallée du Nil.

Mais l'exploit scientifique de W. de Bock ne s'est pas limité aux achats et au transport à l'Ermitage des objets égyptiens de périodes copte et musulmane. Ses activités au musée ont été couronnées par l'organisation de l'exposition des objets rapportés de sa deuxième expédition en Égypte, qui s'intitulait «Exposition des antiquités coptes et arabes». Elle fut inaugurée à la fin de 1898 dans la partie septentrionale des Loggias de Raphaël à l'Ermitage (Fig. 3). D'importants travaux préliminaires pour le choix, la systématisation, la classification, les prises de vue, la conservation et la restauration des objets ont précédé l'ouverture de cette exposition. Un inventaire complet des pièces exposées fut dressé. Plus tard, ce document rendit de grands services lors de l'établissement des inventaires du musée de l'Ermitage car il contenait les informations concernant les circonstances et les lieux d'achats des objets; parfois on pouvait y trouver leur prix, leur numéro d'enregistrement, etc. Les travaux préparatifs ont été exécutés dans un bref délai, de 1 mois et demi à 2 mois.

Le lieu de l'exposition fut particulièrement judicieux: les loggias de Raphaël étaient bien éclairées; elles se trouvaient près des salles occupées par l'exposition permanente du musée, par où on accédait à l'exposition temporaire. Outre cela, les loggias avaient «un caractère d'impasse», ayant une seule entrée-sortie, ce qui forçait les visiteurs à les parcourir deux fois, c'est-à-dire, en entrant et en les quittant.

Les contemporains de W. de Bock notèrent ses capacités étonnantes dans l'organisation des expositions. Cette exposition en est une preuve éclatante. Il réussit avec succès à installer un millier et demi d'objets ainsi que le matériel auxiliaire (dessins techniques, plans, photos) dans un espace assez limité. Il les installa sur des présentoirs (Fig. 4), des tablettes et, partiellement, dans des vitrines-pupitres et dans des armoires vitrées. Afin d'économiser l'espace il installa une partie des présentoirs et des tablettes en ligne brisée (Fig. 5 et 6). En plaçant les présentoirs, les tablettes et les vitrines, les organisateurs prirent en considération les particularités de la salle (Fig. 7 et 8, et Fig. 9 à 12): les présentoirs verticaux et les tablettes furent placés le long du mur occidental en face des fenêtres tandis que les vitrines plates, contenant de petits objets, les dessins techniques, les croquis, les plans et les photos furent disposés le long du mur oriental près des fenêtres et près des trumeaux (Fig. 13). Les objets, regroupés selon leur matériau et leurs destinations, furent posés ou suspendus soigneusement et régulièrement, les uns près des autres, sur les présentoirs et les tablettes en gradins, afin qu'ils soient visibles de n'importe quel endroit de la salle d'exposition.

Nous avons une assez bonne idée de cette exposition grâce aux photographies prises par W. de Bock, qui était lui-même un très bon photographe. Les plus réussies d'entre elles furent collées sur des feuilles de carton, munies d'annotations. L'un de ces albums fut présenté par W. de Bock à l'Empereur Nicolas II le 16 avril 1899. À présent, cet album se trouve dans la Bibliothèque Centrale de l'Ermitage[9].

À propos de cette exposition, il ne faut pas oublier que ces objets étaient tout à fait inconnus même aux spécialistes qui devaient encore les étudier et apprécier leur valeur scientifique. On comprend donc qu'il n'y ait eu aucune explication ou annotation détaillées à l'exposition. Le but principal de W. de Bock était de montrer, auprès des savants et du grand public, l'intérêt de cette étape de l'histoire de l'Égypte à travers la diversité du matériel exhumé (techniques, destinations). Le 29 mars 1899 l'Empereur Nicolas II visita l'exposition, accompagné par W. de Bock qui lui donnait les explications nécessaires. Il réussit ainsi à susciter l'intérêt de cet hôte éminent qui «daigna permettre que les antiquités exposées soient publiées au fur et à mesure».

Cependant, W. de Bock ne put réaliser son projet de publication. La maladie qui le torturait depuis longtemps (une gastrite grave) s'aggrava. Il fut forcé de se rendre à l'étranger pour y subir un traitement. Mais le 4 mai 1899, sur la route de Paris, il décéda à Berlin.

Après sa mort, l'exposition fut réduite et la plupart des objets stockés pour longtemps dans les réserves du musée.

«L'Exposition des antiquités coptes et arabes» dans les Loggias de Raphaël n'a vraiment attiré l'attention ni en Russie elle-même, ni à l'étranger, ce qui est bien regrettable. Cependant le fait même de son organisation est remarquable par lui-même. C'était non seulement la première exposition d'objets d'art et d'artisanat coptes en Russie mais aussi la plus grande du monde; elle n'a encore jamais été surpassée en raison de la diversité et de la quantité des objets qui y furent exposés.

Département oriental
Musée de l'ermitage
34, Quai des palais
191065 SAINT-PÉTERSBOURG
RUSSIE

[9] Les illustrations qui accompagnent cet article ont été faites d'après les photos de cet album.

QUELLE EST LA DATE POSSIBLE DE LA RECENSION DE BASSE-ÉGYPTE DU SYNAXAIRE DES COPTES?

par

René-Georges Coquin

Il peut paraître, de prime abord, quelque peu incongru de parler, dans une *Journée d'Études Coptes*, du Synaxaire des Coptes, car celui-ci, on le sait, est rédigé en arabe, non en copte! Cependant, ce texte peut être fort utile au coptisant, pour la bonne raison qu'il rassemble des résumés de textes coptes; or, souvent, le coptisant aura recours au résumé conservé dans celui-ci, parce qu'il donnera le fil d'Ariane qui lui permettra de mettre en bon ordre les fragments coptes qui nous sont conservés d'un texte, car ces feuillets coptes, outre leurs lacunes qui sont parfois importantes, très souvent ont perdu leur pagination, ce qui ne laisse aucune possibilité de restituer leur ordre primitif et, par conséquent, de connaître la suite du texte; donc, comme le copte n'est, bien souvent, qu'une littérature de fragments, en ce qui concerne particulièrement l'hagiographie, le Synaxaire des Coptes peut être d'un grand secours au coptisant. Il n'est donc pas inutile d'en parler au cours d'une *Journée d'Études Coptes*; on pourrait ajouter qu'il s'agit là d'un document important de la communauté chrétienne d'Égypte.

Mais, il importe quand on aborde ce document, — dont nous avons deux bonnes éditions avec traduction, l'une française, l'autre latine[1], auxquelles il convient de joindre une traduction allemande[2], quoique

[1] Édition française dans la *Patrologia Orientalis* de R. Basset, *Le Synaxaire arabe jacobite (rédaction copte)*, dans *P.O.*, tome 1 (1904), fasc. 3; 3 (1907), fasc. 3; 11 (1916), fasc. 5; 16 (1922), fasc. 2; 17 (1924), fasc. 3 et 20 (1929), fasc. 5. — Édition belge dans le *C.S.C.O.* de J. Forget: *Synaxarium alexandrinum*: volumes de la collection: 47, 48 et 49 [première moitié du texte] (parus de 1905 à 1909), 67 (1912) [deuxième moitié du texte], 78 (1922) [traduction latine de la première partie du texte], et 90 (1926) [traduction de la seconde partie].

On notera que les contresens — l'éditeur était plus familier des documents musulmans, et ignorait le copte! — sont plus nombreux chez le premier.

[2] F. Wüstenfeld, *Synaxarium, das ist Heiligen-Kalender der coptischen Christen*, Gotha, 2 volumes; 1879; la seconde partie de l'année est restée manuscrite et serait déposée aujourd'hui à la Bibliothèque Universitaire de Göttingen (d'après G. Graf, *Geschichte der christlichen arabischen Literatur*, tome 2 (= Studi e Testi, 133), Cité du Vatican,

seule la première moitié ait été publiée —, de noter qu'il en existe deux recensions, l'une de Basse-Égypte, l'autre de Haute-Égypte; si seule la première a été traduite en allemand, l'édition française et la seconde, belge, ont fâcheusement mêlé les deux recensions, si bien que le travail de distinction de chacune se trouve laissé au soin du lecteur: dans la française, celle de R. Basset, de la *Patrologia Orientalis*, les deux textes sont entremêlés, aussi bien dans la publication du texte arabe que pour la traduction française; cependant, comme il prend soin d'indiquer le manuscrit qui fournit la notice du saint concerné, il est possible de séparer chaque recension, car il utilise seulement deux manuscrits de la B.N. de Paris, le *ar.* 256 pour la recension de Basse-Égypte auquel il donne le sigle «A», et les manuscrits *ar.* 4869 et 4870; disons tout de suite que le récent catalogue de mon collègue G. Troupeau indique, à tort, que le contenu de ces trois (l'année copte y est répartie, ici en un seul codex, là — ce qui est le plus fréquent — en deux volumes) manuscrits est identique[3]. Dans la publication belge, celle du C.S.C.O. de Louvain, si l'auteur J. Forget s'est aperçu, après avoir choisi un manuscrit tardif, les *Vaticanus arab.* 62 et 63 (la règle dans le C.S.C.O. est non pas de faire une édition critique d'un texte, mais de choisir un manuscrit en donnant les variantes d'autres manuscrits) qui sont datés (celui-ci est en deux tomes, qui porte deux numéros se suivant: seul le premier porte une date 27 Kihak 1430 A.M. = 24 Décembre 1713 A.D., mais l'écriture est de la même main, apparemment), que le texte des mss. de Paris, mentionnés ci-dessus (*ar.* 4869 et 4870, qui donnent la recension de Haute-Égypte) est parfois très différent et qu'il ne pouvait seulement se limiter à donner les variantes, il prit le parti, sage, d'en donner le texte en appendice; malheureusement, comme il prit conscience de cette double recension seulement au cours de son édition, cet appendice qui commence avec le mois de Hatūr est par le fait même incomplet: donc l'édition du texte est bien séparée; mais, dans sa traduction il amalgame, comme R. Basset, les deux recensions, faisant ainsi une troisième recension qui ne correspond à aucun manuscrit; cependant, le lecteur peut distinguer les deux recensions, car il a pris soin d'indiquer en marge à sa traduction la page où est donné le texte arabe correspondant; ainsi, lorsque le

1947, p. 418, note 1). Cette traduction est basée sur les manuscrits déposés à la même bibliothèque: Orient. 125^{27}, 125^{28} et 125^{29}: ils proviennent tous du Dayr anbā Bīšūy, dans le Wādī 'l-Naṭrūn.

[3] G. Troupeau, *Catalogue des manuscrits arabes*, Première partie: *Manuscrits chrétiens*, tome 2, Paris, 1974, p. 49-50.

texte arabe se trouve à une page postérieure à 291, où débute cet appendice, donc la recension propre au Saʿid, on est assuré qu'il s'agit là d'un texte particulier à la Haute-Égypte.

Une troisième édition a été faite en Égypte[4], qui est basée sur des manuscrits conservés en Égypte auxquels les éditeurs européens n'avaient pu avoir accès; malheureusement leur texte est sans traduction dans une langue accessible à des Européens non familiarisés avec la langue arabe; de plus, ils n'indiquent pas leur source, même s'ils donnent la liste des documents sur lesquels ces auteurs (deux «*qummus*», mot venant du grec ἡγούμενος désignant un dignitaire ecclésiastique, équivalent, en quelque sorte, à nos «chanoines honoraires») se sont appuyés; de plus, se basant sur l'édition susdite de Basset, ils mêlent, sans qu'on puisse les séparer, les deux recensions que j'ai distinguées; enfin, comme cette publication est destinée à l'usage courant, et d'ailleurs est devenue l'édition quasi officielle (la réimpression de 1972 porte l'«imprimatur» du patriarche copte et ne porte plus de nom des auteurs!) elle est en bonne partie expurgée, ne contenant pas les épisodes jugés scabreux ou peu édifiants.

* * *

Ayant ainsi caractérisé les avantages et inconvénients de chaque édition disponible — j'ai moi-même repéré un second témoin[5], plus complet, bien que plus jeune, de cette recension de Haute-Égypte, mais n'ai pu publier que quelques notices propres —, il faut maintenant préciser au moins approximativement la date de cette recension de Basse-Égypte — qui d'ailleurs est la base de la version éthiopienne[6].

[4] ʿAbd al-Masīḥ Mīḫāʾīl et Armānīyūs Ḥabašī Šattā al-Birmāwī, *al-Sankasār*, 2 volumes, Le Caire[1], 1935-1936.

[5] *Le Synaxaire des Coptes. Un nouveau témoin de la recension de Haute-Égypte*, dans Anal. Boll. 96 (1978), p. 351-365.

[6] Un certain nombre de mois ont été publiés dans la *Patrologia Orientalis*: tome 1, fasc. 3 (I. Guidi); 7, fasc. 3 (I. Guidi); 9, fasc. 4 (I. Guidi et S. Grébaut); 15, fasc. 5 (S. Grébaut); 26, fasc. 1 (Grébaut); 43, fasc. 3 (G. Colin); 44, fasc. 1 (G. Colin); 45, fasc. 1 (G. Colin); et 45, fasc. 3 (G. Colin); il y a quelques confusions dans les premières publications dues au fait qu'un manuscrit de Paris n'avait pas été relié de façon correcte; on lira à ce sujet mon étude: *Le Synaxaire éthiopien. Note codicologique sur le ms. Paris, B.N. d'Abbadie 66-66bis*, dans Anal. Boll. 102 (1984), p. 49-59.

Une traduction, sans texte, en anglais, de tout le Synaxaire avait été publiée par E.A.W. Budge, *The Book of the Saints of the Ethiopian Church*, 4 volumes, Cambridge, 1928, réimprimés à Hildesheim en 1976. L'édition de la *Patrologia Orientalis* ne couvrant actuellement que 9 mois, cette traduction complète est très précieuse.

Deux études ont été consacrées à cette date et en même temps à la paternité de cette recension[7]. Il convient de remarquer, dès l'abord, que cette question est différente du fait qu'on aborde le premier ou le second semestre, car, visiblement, ces deux parties ne sont pas dues au même auteur, pour la simple raison littéraire que le style, comme le vocabulaire sont diamétralement opposés: la première partie, qui, le plus souvent, comprend les 6 premiers mois de l'année copte — de Tūt (= 29 août du calendrier julien) à Amšīr (= 24 février du même calendrier) — garde encore ce qu'on a justement appelé le Moyen-Arabe des Coptes[7], c'est-à-dire, entre autres choses, un vocabulaire typiquement chrétien influencé par le substrat grec et copte, comme par les emprunts au syriaque, simplement arabisés, vocabulaire fortement teinté de formules comme d'expressions bibliques; au contraire, dans la seconde partie, qui va de Barmahāt (= 25 février du calendrier julien) au 5 ou 6 épagomène (= 28 août du même calendrier), le vocabulaire, comme le style, est fort différent et révèle l'époque où les Coptes, subissant la même culture arabe que les musulmans et baignant dans le même climat, ont eu tendance à utiliser le même vocabulaire et le même style; il est frappant que, à cette époque, les Coptes se servent, non plus d'un invocation à la Trinité, mais d'une invocation à Dieu (une «basmalah») presque semblable à celle des musulmans; j'ai constaté dans le diplôme d'investiture de l'évêque Timothée de Qaṣr Ibrim[8], édité par Plumley, ainsi que des inscriptions funéraires[9], tracées sur un mur de l'ancienne église du monastère de S. Antoine, près de la mer Rouge: ces deux témoignages — on pourrait aisément en invoquer d'autres — montrent que la communauté culturelle a incliné les Coptes, comme du reste leurs frères syriens, à adopter peu à peu le même langage — qui sous-tend une théologie — que les musulmans qu'ils avaient coutume de côtoyer.

Pour cette raison, on est en droit de situer cette recension du Synaxaire des Coptes, du moins dans sa deuxième partie, de l'époque où

[7] On lira, en particulier, l'étude (quoique le problème soit abordé par un biais: l'utilisation particulière d'une formule arabe) de Samir (Khalil) Kussaim, *Contribution à l'étude du Moyen Arabe des Coptes, l'adverbe Ḥāṣṣatan chez Ibn Sabbā'*, dans Le Muséon, 80 (1967), p. 153-200 et 81 (1968), p. 5-78. Voir aussi nos *Réflexions sur le vocabulaire arabe-biblique des Coptes*, paru dans Proch.-Orient. Chrétien 38 (1988), pp. 229-237.

[8] J.M. Plumley, *The Scrolls of Bishop Timotheos* (Texts from Excavations, 1), Londres, 1975; on comparera l'invocation en copte: «*Au nom de la Sainte Trinité, le Père, le Fils et le Saint Esprit*» du diplôme d'investiture, ou des attestations du sacre, p. 7, 17, et celles, en arabe: «*Au nom de Dieu le Clément et le Miséricordieux*», p. 31.

[9] Voir l'édition que j'en ai donnée: *Les inscriptions pariétales de l'ancienne église du monastère de S. Antoine dans le désert oriental*, dans Bull. de l'Inst. Fr. d'Archéol. Orient. 78 (1978), p. 289-290 et 300-301.

ils sont devenus minoritaires, donc subissaient davantage le climat culturel que les musulmans, majoritaires, influaient on ne peut plus.

Il convient de noter les renseignements du Synaxaire lui-même et que O.H.E.-Khs-Burmester[10] et G. Graf[11] ont souligné avec raison; qu'en est-il? Le titre de la seconde partie du Synaxaire (pour la recension de Haute-Égypte, nous ne disposons pas de cette seconde partie) indique *«ce que Anba Michel, évêque d'Atrīb et de Malīğ a disposé et d'autres en dehors de lui»*[12]); par ailleurs la préface de la version éthiopienne dont le premier essai date de la fin du XIVe siècle, est encore plus explicite: puisqu'il cite comme auteurs: *«l'illustre père abba Mikā'ēl, évêque des villes de Atrib et de Malig et l'illustre père abba Yohannes, évêque de la ville de Burlus et d'autres pères saints et illustres... La compilation eut lieu en l'an 963 des martyrs purs»* (= 1246/7 A.D.)[13].

Ce témoignage de la version éthiopienne avait déjà été relevé par Burmester dans l'article susdit; Graf nota que cette date donnée pour cette œuvre de Michel d'Atrib et de Malīğ était très plausible, étant donné que d'autres œuvres lui sont attribuées à la même date; est-ce à dire que nous soyons en possession de la tâche réalisée par Jean de Borollos et de Michel d'Atrīb et de Malīğ? Rien n'est moins sûr. On sait qu'Abū 'l Barakāt, dans son encyclopédie, intitulée *La lampe des ténèbres* (†1324), au chapitre 6, affirme que le Synaxaire a été compilé par Pierre (*al-Ğamīl*), évêque de Malīğ[14]; cela nous indique que les traditions concernant les auteurs du Synaxaire étaient très diverses; il arrive souvent, on le comprend quand on manipule quelque peu les manuscrits coptes qui prétendent nous transmettre l'œuvre d'un auteur: la transmission est loin d'être minutieuse et chaque copiste paraît y avoir ajouté sa note personnelle; ce que nous disent la préface des manuscrits du Synaxaire relative à son auteur, ou celle de la version éthiopienne, ou l'encyclopédie d'Abū 'l-Barakāt ont toutes quelque chose de vrai, mais nous indiquent que chacun a collaboré pour sa part sans que nous puissions déterminer quelle fut cette part!

[10] *On the Date and Authorship of the Arabic Synaxarium of the Coptic Church*, dans Journal of Theol. Stud. 39 (1938), p. 249-253.

[11] *Zur Autorschaft des arabischen Synaxars der Kopten*, dans Orientalia, N.S. 9 (1940), p. 240-243.

[12] On lira dans l'article de Burmester, indiqué ci-dessus, le texte arabe qui se lit dans la plupart des manuscrits; les variantes sont mineures et ne modifient pas le sens.

[13] Édition de la préface dans G. Colin, *Le Synaxaire éthiopien. Mois de Maskaram*, dans P.O., tome 43, fasc. 3, Turnhout, 1986, p. 326-327.

[14] Passage cité par Burmester dans l'article déjà cité, p. 251; on a maintenant l'édition de Samir Kh., *Miṣbāḥ al-Ẓulma*, éd. Le Caire, 1971, p. 285 (cette édition donne le texte sans traduction).

En tout cas, étant donné que les manuscrits les plus anciens (le plus vieux est daté de 1056 A.M. (= 1340 A.D.) pour cette première partie[15] ne mentionnent pas dans leur introduction la part qu'y aurait prise Michel d'Atrīb et de Malīğ, et que la seconde partie à laquelle ce Michel aurait participé se distingue nettement de la première, on peut en déduire qu'il n'a pas eu de part à la compilation de cette première partie.

Quoiqu'il en soit, nous ne possédons pas le texte tel qu'il serait sorti de la plume de Michel d'Atrīb et de Malīğ ou du moins il a été augmenté sans que nous puissions dire dans quelle mesure et en quoi ont été ces ajouts.

Deux notices, au moins, ne peuvent être l'œuvre ni de Michel d'Atrīb et de Malīğ, ni de Pierre al-Ǧamīl (à coup sûr plus jeune que son prédécesseur[16]), ni de Jean de Borollos (cet auteur reste mystérieux, car un auteur homonyme serait du VIe siècle[17]), car Graf l'a déjà remarqué, tous les manuscrits connus mentionnent Barsum le Nu, qui est mort en 1317 A.D., date qui est attestée, outre par le Synaxaire lui-même, par l'œuvre d'un genre littéraire, fréquent chez les musulmans, mais dont il est le seul témoin connu chez des auteurs chrétiens, un recueil de courtes biographies, j'ai nommé Ibn al-Ṣuqāʿī[18]; donc la recension qui nous est transmise par tous les manuscrits est postérieure à cette date.

Un autre élément nous donne un *terminus post quem non*, c'est la manière dont il nous parle de Jean de Sanhūt; il nous assure que les reliques de ce saint martyr sont vénérées dans une église de Sanhūt; le Synaxaire nous dit en effet: «*Jules d'Aqfahs l'enveloppa d'un linceul et l'envoya à Sanhūt, sa ville* (natale). *Les gens sortirent à sa rencontre... et le déposèrent dans l'église*»[19].

Or, Abū Ṣāliḥ, auteur bien connu du début du XIIIe siècle, nous dit que le corps de ce Jean de Sanhūt était conservé d'abord dans le quartier au sud du Caire, appelé al-Ḥamrā dans l'église de S. Ménas, puis, en rai-

[15] Il s'agit du manuscrit *Musée Copte, Lit.* 41a, qui est daté de 1056 A.M. (= 1340 A.D.); il donne la première partie du Synaxaire, la seconde partie de l'année qui est donnée dans le manuscrit portant le numéro suivant du même *Musée Copte, Lit.* 41b, ne porte pas de date, mais est apparemment due au même copiste.

[16] On lira la notice que lui consacre G. Graf, dans sa monumentale *Geschichte der christlichen arabischen Literatur*, tome 2 (Studi e Testi, 133), Cité du Vatican, 1947, p. 340-344; celui-ci le situe à la fin du XIIe et au début du XIIIe siècle.

[17] Voir G. Graf, *op. cit.*, tome 1 (Studi e Testi, 118), Cité du Vatican, 1944, p. 466-468.

[18] *Tālī kitāb wafayāt al-aʿyān*, éd. et trad. par J. Sublet, Damas, 1974, p. 182 (texte) et 210 (trad.) (= no 307); l'éditrice n'avait pas identifié ce personnage; voir la recension de cet ouvrage par G. Troupeau dans Arabica 23 (1976), p. 330-331.

[19] Par exemple *Patrologia Orientalis*, tome 16, fasc. 2, p. 363-364.

son des déplacements du Nil, on le transféra au Nord dans l'église de S. Théodore à «Damanhūr-Šubrā» (village ainsi appelé, primitivement «Tour de Horus»[20], vraisemblablement, parce qu'il s'y trouvait un temple dédié au dieu Horus); et comme cette église était située trop près du fleuve et donc soumise aux débordements des inondations, on le transporta dans l'église de N.-D. du même quartier[21] (d'ailleurs, en un autre passage, Abū Ṣāliḥ paraît avoir confondu l'église de la Vierge de Damanhūr avec l'homonyme sise à al-ʿAdawīya[22]).

Ici, Abū Ṣāliḥ, à son habitude, ne fait que reproduire les indications de son prédécesseur, Abū 'l-Makārim, dont le texte, conservé, a été, bien que non de façon critique, récemment édité[23]; celui-ci donne, en effet, les mêmes renseignements qu'Abū Ṣāliḥ, mais comme il est d'un siècle environ plus jeune, on peut en déduire que cet état de choses était celui de son époque, c'est-à-dire le début du XIIᵉ siècle.

Nous pouvons même situer la présence de ces reliques à Damanhūr Šubrā plus tôt grâce au témoignage de al-Šābuštī qui est mort à la fin du Xᵉ siècle ou au début du XIᵉ; il nous parle dans son «Kitāb al-Diyārāt» (livre des monastères) du couvent de S. Jean à Damanhūr[24], où le corps du saint était gardé dans un coffre de bois (ce qu'affirme encore Abū Ṣāliḥ) qu'on sortait le jour de sa fête et que l'on plongeait dans le Nil, car l'on pensait que cette immersion favorisait la crue du fleuve, puis il était retourné dans son couvent.

Un historien musulman du XVᵉ siècle, al-Maqrīzī (†1441 A.D.), fait état lui aussi de cette croyance et de la cérémonie qui en était la manifestation, dans son encyclopédie bien connue «al-Ḫiṭaṭ»[25] il ajoute qu'en 1354 A.D., l'émir ʿAlā'al-Dīn ibn ʿAlī ibn al-Kūrānī, alors gouverneur du Caire, sur ordre du sultan, vint à Šubrā (al-Ḫīma ou al-Ḫiyām: c'est ainsi qu'on l'appelait alors: «*ḫīma*» = *tente*, car les pèle-

[20] Voir pour l'étymologie de ce toponyme copte, J. Černy, *Coptic Etymological Dictionary*, Cambridge, 1976, p. 354.

[21] Éd. et trad. angl. de B.T.A. Evetts, *The Churches and Monasteries of Egypt*, Oxford, 1895, p. 104 (trad.); les inexactitudes de cette traduction sont corrigées par P. Casanova dans son étude *Les noms coptes du Caire et des localités voisines*, dans Bull. de l'Inst. Fr. d'Archéol. Orient. 1 (1901), p. 139-224, pour Damanhūr-Šubrā, p. 176-179.

[22] F° 45ᵇ = p. 139 (trad.).

[23] Éd. Fr. Samwil, *Tārīḫ al-kanā'is wa 'l-adyarat fī 'l-qarn al-tānī ʿašari al-mīlādī li-Abī 'l-Makārim*, Dayr al-Suryan, [1984].

[24] Éd. et trad. angl. de A.S. Atiya, *Some Egyptian Monasteries according to the unpublished Ms. of al-Shābushtī's «Kitāb al-Diyārāt»*, dans Bull. de la soc. d'Archéol. Copte 5 (1939), p. 1-28; la notice concernant le monastère de Jean est édité p. 22, et trad. p. 28.

[25] Éd. sans trad. de G. Wiet, dans Mémoires des Membres de l'Inst. Franç. d'Archéol. Orient., tome 30, Le Caire, 1911, p. 292-296.

rins nombreux dressaient des tentes autour du sanctuaire pour s'abriter) et fit détruire par le feu la relique, ainsi que l'église qui l'abritait; al-Maqrīzī ajoute que cette fête et la cérémonie qui en était l'occasion, disparurent de ce fait.

Ce qu'on peut raisonnablement conclure de tous ces témoignages, c'est qu'il semble difficile que le Synaxaire reste muet sur ce qui devait paraître aux yeux des Coptes, comme un acte de vandalisme impie, et que la population copte devait déjà être réduite pour qu'aucune réaction violente ne soit enregistrée; en tout cas, le Synaxaire qui n'en parle pas n'a pu être rédigé après cette date de 1354 A.D.; il est possible qu'il se soit contenté de résumer en arabe un encomion de ce Jean de Sanhūt, en omettant de mettre à jour cette notice, et donc de faire état des différentes translations des reliques du saint. Certes, l'*Histoire des Patriarches*, dans la partie composée par Yūhannā ibn Saʿīd ibn al-Qulzūmī au commencement du XIIe siècle, donne une liste des reliques gardées en Égypte, parmi lesquelles elle cite bien Jean de Sanhūt, mais omet de dire dans quel lieu son corps est conservé[26].

Il ressort de là, et bien d'autres passages pourront être allégués, que si divers auteurs nous sont donnés comme «auteurs» du Synaxaire, il reste que ce livre a été complété plus d'une fois et que, jusqu'à ce jour, le texte compilé par ces auteurs n'est pas parvenu jusqu'à nous, mais seulement un document où sans doute les additions ne manquent pas, sans qu'il soit possible de dire en quoi a consisté le travail des premiers compilateurs, bien que leurs noms soient conservés. Du moins, l'addition de la mort de Barsūm le Nu, en 1317, comme la suppression brutale du culte de Jean de Sanhūt, en 1354, nous fournissent, je crois, un *terminus ante quem non* et un *terminus post quem non* de la date de compilation de ce document composite qu'est le Synaxaire dans sa recension de Basse-Égypte.

ADDENDUM

Les lignes qui précèdent ont été écrites en 1988; or, depuis, ma recherche a, naturellement, progressé; de plus, j'ai pu me procurer, grâce à l'intervention active de M.A. Khater (secrétaire de la Société d'Archéologie Copte, au Caire), les photocopies d'un exemplaire, conservé à Naqada, de la recension de Haute-Égypte; de la sorte, cette rédaction saʿidienne nous est accessible, en trois

[26] Edd. A.S. Atiya, Y. Abd al-Masīḥ and O.H.E. Khs-Burmester, tome II, Part 3, Cairo, 1959, p. 227 (texte) et 359 (trad.); le texte dit simplement «*au Caire*»!

témoins: le ms. *Paris B.N. arabe 4 869* (daté par M. Troupeau[27] du 17e siècle (incomplet), le ms de *Louxor* (19e siècle), que j'ai analysé[28], enfin, celui de *Naqada* (19e siècle?): je prépare une édition, avec traduction, de cette recension de Haute-Égypte, qui paraîtra, *'in chā' llāh'*, dans le C.S.C.O.

Pour ce qui concerne la rédaction de Basse-Égypte, il semble bien que deux conclusions s'imposent: l'une définitive, l'autre hypothétique.

Conclusion assurée:

1. Le synaxaire des Coptes nous est transmis sous la forme (dans la plupart des cas) de deux gros *in-folio*, chacun contenant un semestre, mais chaque moitié se distingue nettement de l'autre, par le style et le vocabulaire utilisé, d'où l'on est amené à conclure que *la première partie a été rédigée bien avant l'autre*, car il faut prendre en compte l'évolution de l'arabe-chrétien égyptien.

2. Comme corollaire de cette distinction, on est amené à penser que — si on ne sait pas quel a été le rôle de Pierre, Sévère al-Ǧamīl, évêque de Malīǧ auquel Abū 'l-Barakāt ibn Kabar attribue la paternité du Synaxaire — pour Michel, évêque d'Atrīb et Malīǧ (12e-13e siècle), sa part de révision s'est limitée à la seconde partie, car les manuscrits les plus anciens ne mentionnent son nom qu'en tête de la deuxième partie; et, de toutes façons, *le texte révisé par lui ne nous est pas parvenu*, car tous les manuscrits connus de cette seconde partie mentionnent tous la notice consacrée à Barsum le Nu, mort en 1317 A.D., comme je l'ai déjà dit. Donc, *nous n'avons qu'une révision (par qui?) postérieure à 1317.*

Conclusion hypothétique:

Elle portera sur la première partie seule:

W.E. Crum[29] avait émis l'hypothèse que *cette rédaction de Haute-Égypte était le* «guide» *attribué par l'auteur de la recension de Basse-Égypte*[30] *à un certain Jean, évêque de Qift (Coptos)* (inconnu par ailleurs); aucun fait nouveau n'est venu infirmer pareille hypothèse.

Enfin une dernière remarque se présente à l'esprit, qui ne concerne plus la rédaction de Haute-Égypte, en elle-même, mais ses rapports avec celle de Basse-Égypte: en un mot, il s'agit de la Genèse du Synaxaire, dans son ensemble.

En effet, on est frappé de rencontrer, dans cette première partie (la seule où nous disposons d'une rédaction propre à la Haute-Égypte) nombre de notices communes aux deux rédactions, d'une part; et, d'autre part, des divergences remarquables dans ces parties communes; j'ai déjà publié et traduit deux de ces notices: celle du 8 Tuba, pour la consécration du sanctuaire de Benjamin, au

[27] G. Troupeau, *Catalogue des manuscrits arabes I. Manuscrits chrétiens*, tome 2, Paris, 1972, p. 49.

[28] *Le synaxaire des Coptes: un nouveau témoin de la recension de Haute-Égypte*, Anal. Boll. 96 (1978), p. 351-365.

[29] Dans l'ouvrage publié avec la collaboration de H.E. Winlock et H.G. Evelyn White, *The Monastery of Epiphanius at Thebes* [Metropolitan Museum of Art, The Egyptian Expedition, Publication 3], New York, 1926 (reprint 1973), Part I, p. 124 et 215.

[30] Cf. 17 Hatur: ed. R. Basset, dans *Patrol. Orient.*, tome 3, dasc. 3, Paris, 1907, p. 302.

Dayr Abu Maqar (au Wādī al-Natrūn[31]) et celle du 15 Kiyahk, pour la fête de Grégoire l'Illuminateur[32]: il est clair que *c'est la rédaction de Haute-Égypte qui est primitive*; cette comparaison est éclairante quand le texte a été visiblement emprunté à un synaxaire grec (probablement melchite, en arabe) ou à un texte copte car la teneur du texte saʿidien conserve des particularités qui ne se retrouvent que dans la rédaction grecque ou copte (quand celle-ci est conservée) et non dans celle de Basse-Égypte!

Telles sont aujourd'hui les conclusions qui paraissent s'imposer — l'une motivée et sûre, l'autre hypothétique, mais qui semble rendre compte, au mieux, des observations que l'on peut faire — touchant ce problème, encore complexe, de la datation de la recension de Basse-Égypte du Synaxaire des Coptes.

1, Rue Léon Bloy
F-92260 FONTENAY-AUX-ROSES

[31] Dans mon livre *Le livre de la consécration du sanctuaire de Benjamin* [Bibliothèque d'Études Coptes 13], Le Caire, 1975, p. 27-33.

[32] Dans l'article cité ci-dessus (note 28), pages 363-365.

L'ASTROLOGIE ÉGYPTIENNE DANS QUELQUES TRAITÉS DE NAG HAMMADI

par

Laurent MOTTE (C.N.R.S)

Les traités de la bibliothèque gnostique de Nag Hammadi sont généralement considérés comme des traductions du grec. Certains traits rédactionnels — comme les jeux de mots coptes — prouvent néanmoins l'indépendance et l'originalité du traducteur à l'égard de son modèle[1]. Les traducteurs ont fait œuvre d'interprète en assemblant des textes d'origines diverses, que leur confrontation éclaire d'un sens particulier[2]; et ils ont fait œuvre d'écrivain, en repensant le détail du style. Rien n'empêche, du reste, d'envisager une rédaction copte primitive de certains traités; l'abondance des termes techniques issus du grec, langue de la philosophie et de la théologie, n'interdit pas cette hypothèse. Quoi qu'il en soit, la question de la langue oriente, en réalité, vers la vraie question, celle du sens ultime de ces écrits. Certes, d'un codex à l'autre, les points communs peuvent être rares ou insignifiants; en revanche, à l'intérieur d'un même codex, les divers traités, quoique souvent d'origines diverses, sont assemblés intelligemment. Quel a été le principe de l'agencement des traités, sur quels critères se fonde la réécriture?

L'un des points communs déjà souligné, mais encore trop peu exploité par les commentateurs, tient à l'origine égyptienne de ces textes, c'est-à-dire au vieux fond pharaonique. Cela est vrai surtout du Codex VI, qui emprunte des textes à divers auteurs mais les assemble, dans le but, nous semble-t-il, d'offrir une lecture «hiérogrammatique» de la geste apostolique[3]. Pour le dire en un mot, les traités de ce codex

[1] Voir J.P. Mahé, *Hermès en Haute-Égypte*, t. 1, Bibliothèque Copte de Nag Hammadi, Section Textes, 3, Les Presses de l'Université Laval, Québec, Canada, 1978, p. 43. C'est cette édition que nous avons utilisée, faisant aussi notre profit de l'excellent commentaire que l'éditeur a ajouté à sa traduction.

[2] C'est le cas, bien sûr, d'un morceau comme NH VI, 5, paraphrase gnostique d'un fragment scolaire de la *République* de Platon.

[3] Il est probable que le premier traité du codex VI, les *Actes de Pierre et des Douze*, constitue, pour le rédacteur de la compilation, le traité fondamental du livre. Les textes suivants seraient des illustrations ou des commentaires des thèses de NH VI, 1, thèses proches de la *Pistis Sophia*.

semblent avoir pour but d'exprimer les conceptions théo-cosmologiques du paganisme égyptien. Ils auraient été composés à un moment où ces conceptions se sont trouvées privées de leur mode d'expression traditionnel. Incapables de continuer à décorer des temples ou de consigner leur savoir en hiératique, les hiérogrammates auraient cherché à sauver l'essentiel de leur science et de leurs conceptions religieuses en composant des commentaires en copte. Cela a pu se produire au moment où, à cause de la persécution de la culture nationale, apparaissent les alchimistes de langue grecque, surtout Zosime de Panopolis[4]. C'est l'étude des textes de Nag Hammadi qui révélera, croyons-nous, la date de cette transformation qui a vu l'ancien paganisme égyptien devenir une religion de gloses et de commentaires.

Dès qu'on les rattache au milieu sacerdotal égyptien, le «bilinguisme» apparent de ces textes cesse d'étonner. Certains scribes de Basse Époque connaissaient très bien le démotique, le grec et l'égyptien de tradition[5]. Ils connaissaient aussi les mythes et les interprétaient en philosophes. La bibliothèque gnostique de Nag Hammadi représente une étape — peut-être la dernière — d'une survie culturelle: dans le cadre d'un «dire» chrétien, la cosmologie pharaonique trouverait son ultime expression. Nous en analyserons ci-après trois exemples, liés à la science des astres.

La doctrine sacrée du ciel est l'une des sciences sacerdotales de l'Ancienne Égypte qui se sont transmises au monde antique et médiéval sous la forme des «sciences occultes»: astrologie, alchimie, zoologie, botanique, géologie et magie[6].

1. Les vents et les astres

On lit, dans la *Paraphrase de Sem* que le Dieu-Matrice «donna aux démons un souffle (ⲧⲏⲟⲩ) et une étoile (ⲥⲓⲟⲩ) à chacun. Car aucun

[4] Voir F. Daumas, «L'alchimie a-t-elle une origine égyptienne?», *Das Römisch-byzantinische Ägypten*, Aegyptiaca Treverensia, Mainz am Rhein, 1982. L'activité de Zosime se situe à la fin du IIIe-début IVe siècle ap. J.-C. Voir aussi G. Fowden, *The Egyptian Hermes*, Cambridge, 1986, p. 120-126.

[5] F. Daumas, *Les Moyens d'expression du grec et de l'égyptien comparés dans les décrets de Canope et de Memphis*, CASAE 16, Le Caire, 1952. Sur les dernières inscriptions, voir G. Fowden, *op. cit.*, p. 63-65, et Ph. Derchain, *Le dernier obélisque*, Bruxelles, 1987.

[6] B.H. Stricker, «De Brief van Aristeas. De hellenistische codificaties der praehelleense godsdiensten», *Verhandel. der konin. Nederl. Ak. van wetensch., Afd. letterkunde*, N.R. 62, n° 4, Amsterdam, 1956, p. 105.

événement ne se produit sur la terre sans [avoir été provoqué par] vent-et-étoile»[7].

La théorie qu'évoque ce passage se trouve largement attestée dans les écrits des astrologues égyptiens. À chaque étoile ou groupe d'étoiles sont associés des vents, et c'est le couple «vent-étoile» (ⲧⲏⲩ ϩⲓ ⲥⲓⲟⲩ), conçu comme une entité indissoluble qui est responsable de tout ce qui arrive en notre monde.

Citons deux exemples, tirés des textes de l'astrologue Pétosiris.

«Parmi les vents, ceux qui soufflent de l'ourse ou d'une autre partie de l'horizon au moment du début et de la stase de l'éclipse signifient humiliation pour ces régions... au moment de la fin de l'éclipse, d'autres vents soufflant favorisent les régions qu'ils gouvernent, ainsi, Borée, les régions nordiques, Notos, celles du sud, et ainsi des autres vents»[8].

«Si cet astre (Sothis) se lève grand et brillant alors que souffle le vent du Nord, il indique que la crue sera suffisante et que tout le reste se produira de façon avantageuse: moissons abondantes, fécondité de la terre et pour le roi du pays, la victoire sur ses ennemis»[9].

Certes, les astrologues se préoccupent constamment de lier planètes, signes zodiacaux, degrés du cercle céleste, vents et dieux. Les mages donnaient la liste des dieux répartis selon les trente-six vents, précisant que «il y en a soixante à partir de ceux-là; de tous vient le mouvement infini du cercle zodiacal et des planètes»[10].

Ces textes permettent de comprendre ce que veut dire la paraphrase de Sem en associant étroitement vent et étoile. La signification du vent est différente selon les modes d'existence de l'astre ou de la constellation dont il dépend. Un même démon préside à l'un et à l'autre.

Alors que les physiciens grecs aristotéliciens distinguent entre le ciel sublunaire et le ciel supralunaire, faisant du premier la conque hasardeuse du devenir et du second, le cosmos inaltérable de l'éternité, les Égyptiens n'hésitent pas à joindre ces deux faces de l'univers. Les stoï-

[7] Paraphrase de Sem, NH VII, 1, p. 27, l. 22-27.

[8] «Nechepsonis et Petosiridis Fragmenta Magica», éd. E. Riess, *Philologus Suppl.* 6, 1, Göttingen, 1892, p. 335.

[9] Id., *Ibid.*, p. 351. La bonté du présage vient de la conjonction de deux éléments favorables, le vent du nord et la crue, laquelle coïncide avec le lever héliaque de Sothis. On pourrait citer de nombreux textes pharaoniques qui mettent en rapport Sothis et la royauté, comme celui-ci: «Sothis te prédit une infinité d'années, de fêtes-*sed* et de Nils... l'étoile de chaque décade (le décan) se lèvera pour allonger toutes tes années, tu vogueras comme Orion dans le ciel, son temps de vie est ton temps de vie...» (O. Neugebauer-R.A. Parker, *Egyptian Astronomical Texts*, Londres, 1960, III, pl. 5).

[10] J. Bidez-F. Cumont, *Les Mages hellénisés*, Paris, 1938, II, 272, 25 (Cosmas de Jérusalem, PG 38, 461).

ciens firent comme eux, nourrissant le Soleil des exhalaisons humides; ce qui leur valut la critique des néo-platoniciens, qui ne voulaient pas que l'en-haut pût dépendre de l'en-bas[11]. Toute l'œuvre des sciences occultes, et avant elles, des sciences sacerdotales égyptiennes repose cependant sur cette thèse d'une continuité du tout. En opérant sur la matière la plus inférieure, on peut ainsi agir sur les choses élevées, sur les dieux astraux.

L'association vent-étoile semble donc typiquement égyptienne[12]. Ce thème permet de tracer une ligne continue depuis la science pharaonique jusqu'à la gnose. On lit, en effet, dans la stèle relatant les victoires de Merenptah: «Ainsi parlent ceux qui examinent les étoiles et savent toutes leurs formules en observant leurs vents: "Une grande merveille s'est produite en Égypte"»[13].

En Égypte ancienne, tout événement dépendait, selon les astrologues, de l'association d'un vent et d'une étoile. Nous renvoyons sur ce point à l'article de Brunner[14].

2. Renaître comme le monde

À la fin du sixième traité du codex VI de Nag Hammadi, dialogue hermétique intitulé par les modernes «L'ogdoade et l'ennéade» et portant sur la régénération, Hermès enseigne à son disciple qu'il devra déposer, dans le temple de Thot, une stèle portant le Nom magique de la divinité écrit en hiéroglyphes. Cet acte solennel et symbolique devra avoir lieu à un moment précis, indiqué par la conjoncture astrale que voici: «Ô mon enfant, tu placeras cette stèle alors que je serai dans la Vierge avec le Soleil dans ϩ̄ⲛ̄ ⲡ̄ϭ̄ⲥ̄ ⲟⲩⲉⲓⲉ dans le jour et que quinze degrés m'auront dépassé» (Mahé, *op. cit.*, p. 84). Quel est le temps indiqué et pourquoi ce moment est-il choisi?

[11] Cf. B.H. Stricker, «Camephis», *Med. der kon. Ak. van Wet., afd. Lett.*, N.R. 38, n° 3, Amsterdam-Oxford, 1975, p. 76-86, surtout p. 80/148.

[12] Ce qui ne veut pas dire qu'elle soit *seulement* égyptienne. Elle sera largement exploitée par les astrologues, qui la conjoindront à la théorie des qualités élémentaires (sec, humide, chaud et froid). Voir A. Bouché-Leclercq, *L'Astrologie grecque*, Paris, 1899, réimpr. Bruxelles, 1963, p. 127, et Firmicus Maternus, *Mathesis*, II, 12.

[13] K.A. Kitchen, *Ramesside Inscriptions*, IV, 1, Oxford, 1968, 16, 3 sq. Cité par L. Kakosy, «Decans in Late-Egyptian Religion», *Oikumene* 3, Budapest, 1982, p. 188. Trad. française: C. Lalouette, *Textes sacrés et profanes de l'ancienne Égypte*, I, Des Pharaons et des hommes, coll. Connaissance de l'Orient 54, Unesco (Paris), Gallimard, 1984, p. 121-124.

[14] H. Brunner, «Zeichendeutung aus Sternen und Winden in Ägypten», *Wort und Geschichte, Festschr. für K. Elliger*, Neukirchen-Vluyn, 1973, p. 26.

La première chose à faire pour interpréter correctement cette conjoncture et bien traduire ce texte, c'est de préciser l'identité des êtres célestes en question. Nous proposerons ensuite une hypothèse sur l'expression difficile de ϭ̅c̅ ογειε qui a résisté jusqu'ici aux efforts des traducteurs.

a) Hermès dans la Vierge

Quand Hermès-Thot dit: «Alors que je serai dans la Vierge», il est clair que le rédacteur songe à la planète Mercure qui, selon les astrologues, a son domicile dans la Vierge. Dans les traités hermétiques, comme dans la *Koré Kosmou*, Hermès-Thot est lié à la planète qui porte son nom[15].

La question, pour nous, est de savoir si les Égyptiens ont associé la même planète au dieu Thot. Les planètes, en effet, reçoivent divers noms dans les textes égyptiens; elles ne sont pas toujours liées aux mêmes dieux, et la multiplication de leurs mentions à la Basse Époque révèle un système aux latitudes assez grandes[16]. Le nom de la planète Mercure est souvent *sbg*, coγκн. Le dieu qui y préside est Seth[17]. L'être divin *Sebeg*, qui apparaît dans un chapitre du *Livre des Morts*, diffère du dieu crocodile Sobek[18] et semble en rapport avec le singe de Thot, mais le passage est obscur[19].

Il semble pourtant que l'association de Thot à la planète d'Hermès soit, en Égypte, antérieure à l'astrologie dite grecque. L. Kakośy a étudié un bracelet trouvé dans la tombe d'Osorkon II, bracelet dont le sens est nettement astrologique, puisqu'il s'agit d'une représentation des décans. En fait, le bracelet tout entier représente l'Enveloppant, que les textes hermétiques appellent aussi le Pantomorphe, le grand cercle qui

[15] Voir A.D. Nock-A.J. Festugière éd., *Corpus Hermeticum*, III, Fragments issus de Stobée, Esc. XXIX, et IV, Korè Kosmou, Les Belles Lettres, Paris, 1946, rééd. 1973.

[16] Cf. de même, pour le système des décans: A. Bouché-Leclercq, *op. cit.*, p. 230, n. 3.

[17] E.A.W. Budge, *The Gods of the Egyptians*, II, Londres-Chicago, 1904, repr. Dover, New York, 1969, p. 302-303. Budge reprend les résultats de H. Brugsch. Il faut noter que cette planète a été attribuée aussi à Apollon: A. Bouché-Leclercq, *op. cit.*, p. 100-101 et W. Gundel, «Neue astrologische Texte des Hermes Trismegistos», *ABAW*, N.F. 12, München, 1936, p. 145, n. 2 et p. 184, n. 3. Achilles, dans son *Introduction (Isagogue) à Aratus*, rapporte explicitement cette attribution aux «Égyptiens».

[18] W. Vycichl, *Dictionnaire étymologique de la langue copte*, Peeters, Louvain, 1983, p. 200, s.v. coγκн.

[19] Voir LdM 136, R. Lepsius, *Das Todtenbuch der Ägypter*, Leipzig, 1842, pl. LVI, 3-4. Cf. la traduction de P. Barguet, *Le Livre des Morts des anciens Égyptiens*, Le Cerf, Paris, 1967, p. 178.

enserre le tout[20]. Or, avec les décans, figurent les cinq dieux Osiris, Horus, Thot, Isis et Nephthys. Dans le contexte de ce bracelet, ils peuvent symboliser les cinq astres responsables de la destinée. Le texte qui accompagne la représentation confirmerait ce point de vue: «Paroles dites par les dieux et les déesses du ciel, de la terre et de la Douat: Nous faisons ta protection. Nos flèches gardent ton corps...»[21].

On peut supposer aussi que ces dieux sont ceux des jours épagomènes[22], les décans agissant dans les autres portions de l'année. Dès lors, la substitution de Thot à Seth est un indice précieux. On sait qu'il est fréquent que le dieu Thot remplace Seth lorsque ce dernier fait face à Horus, par exemple dans la scène du «baptême du pharaon». De même dans le contexte astrologique, il semblerait qu'on ait aussi cherché à substituer au dieu maléfique un dieu intelligent[23]. Dès lors, l'attribution de la planète de Seth à Thot s'explique aisément.

Quel est, maintenant, le sens de l'association d'Hermès-Mercure à la constellation de la Vierge?

La vierge est la maison ou le domicile de la planète Mercure, parce que, selon une doctrine explicitement attribuée aux Égyptiens par Firmi-

[20] Sur le *periechon* (masculin ou neutre), voir A.J. Festugière, *La Révélation d'Hermès Trismégiste* (cité *RHT* ci-après) I, Paris, 1942, rééd. 1981, p. 118-121 et 141, III, Paris, 1950, rééd. 1981, p. 119-123 et CH XVI, 12 et note de l'édition A.D. Nock-A.J. Festugière, *Corpus Hermeticum*, t. II, Paris, Les Belles Lettres, 1946, p. 240, n. 32. Scott trouvait difficile la notion d'enveloppe, parce que le soleil est au milieu du monde. La description de CH XVI, 8-12 est confirmée par le Papyrus d'Hunefer (v. note 71 ci-après), qui fait le soleil créateur des «êtres supérieurs» (le mot *ḥryw* est déterminé par trois étoiles) et des «êtres inférieurs» (le mot *ẖryw* est suivi du déterminatif de l'homme et l'écriture du phonème *w* avec le poussin permet aussi d'évoquer les animaux). Le *periechon* correspond à la notion égyptienne spatio-temporelle de *šn*, «tout ce qu'enserre le soleil» (*Šnn nbt n Itn*). Voir W. Barta, *ZÄS* 98 (1970), p. 5 sq. et L. Kakośy, «Einige Probleme des ägyptischen Zeitbegriffes», *Oikumene* 2, Budapest, 1978.

[21] L. Kakośy, «Decans in Late-Egyptian Religion», *Oikumene* 3, Budapest, 1982, p. 164. Cf. le *Livre sacré d'Hermès à Asklépios*, 1, traduit par A.J. Festugière, *RHT* I, 141.

[22] Les cinq jours «en plus de l'année» sont attribués aux dieux qu'ils ont vu naître: Osiris, Horus, Seth, Isis et Nephthys. Voir le résumé du travail de Brugsch dans E.A.W. Budge, *op. cit.*, II, p. 109-110. Lepsius, *Die Chronologie der Aegypter*, I, 89, Berlin, 1849, reliait les jours épagomènes aux planètes; mais v. la critique de K. Sethe, *NGWG*, 1919, p. 304, 2.

[23] Cela pour le point de vue moral. Du point de vue métaphysique, Thot englobe Horus et Seth, parce que Seth, «Dieu de la confusion» est indispensable à l'ordre sans cesse remis en question, sans cesse passant de la mort à la vie, que symbolise Thot. Horus est l'ordre apollinien. Voir H. Te Velde, *Seth, God of Confusion*, Probl. der Ägypt. 6, Leiden, Brill, 1967. Les rapports entre Horus, Seth et Thot sont complexes. Pour le rôle néfaste (séthien) de Thot, par exemple vis-à-vis de la lune, voir Ph. Derchain, «Mythes et dieux lunaires en Égypte», *La Lune, mythes et rites*, Sources Orientales 5, Paris, Seuil, 1962, p. 37-39 et 41.

cus Maternus, Mercure se trouvait dans la Vierge lors de la création du monde[24]. Le thème astral de la naissance du monde ou «géniture du monde» se trouverait, selon cet auteur, chez Néchepso et Pétosiris et chez Asclépius et Hanubis. Selon ces auteurs, le monde et l'homme suivent les mêmes destinées: l'homme microcosme, fait à l'image du tout, peut donc servir aussi de modèle pour penser l'univers. Les sages d'Égypte savaient très bien que personne n'était là au moment de la création pour considérer le ciel. Mais de même qu'en observant le ciel à la naissance d'un enfant ils déduisaient sa destinée, de même, de l'histoire du monde ils ont induit la position que les astres durent occuper dans le ciel à l'instant du grand «décollage»[25]. «Cette géniture du monde n'a pas existé, car le monde n'a pas eu de jour de naissance déterminé, et personne n'était présent au moment où le monde a été formé par la *ratio* (le plan) de l'Esprit divin et de la Puissance providentielle. Et l'effort de la fragilité humaine n'a pu aller jusqu'à concevoir ou à expliquer par des raisons simples l'origine du monde, d'autant plus que tous les trois cent mille ans se produit la grande apocatastase ou restauration[26], après l'Embrasement (*pyrosis*) et le Déluge (*cataclysmum*)... Les hommes divins ont, dans leur sagesse, inventé cette manière d'horoscope du monde afin de donner aux astrologues le modèle à suivre pour ceux des hommes»[27].

Dans son essai pour rationaliser la conception des «Égyptiens», Firmicus Maternus aboutit, on le voit, au cercle logique; mais il importe de noter le pessimisme qui s'attache à cette conception et qui l'apparente à

[24] Firmicus Maternus, *Mathesis* III, 1. Éd. W. Kroll et F. Skutsch, *Matheses libri VIII*, fasc. 1 (I-IV), Teubner, 1897, p. 90-97. (Fasc. 2, V-VIII, 1913). Sur le thème astral de la géniture du monde, voir A. Bouché-Leclercq, *L'astrologie grecque*, Paris, 1899, p. 187. Le système des domiciles est égyptien, celui des exaltations, chaldéen. À vrai dire, les astrologues se servent des deux: les prêtres de Dendérah, dans le zodiaque circulaire de la chapelle d'Osiris, ont placé les planètes dans le signe où elles ont leur exaltation, et dans le zodiaque rectangulaire du pronaos, ils les ont logés dans leurs domiciles. Il faut noter que Mercure a son domicile et son exaltation dans la Vierge. Par contre, le soleil est exalté dans le bélier, mais domicilié dans le lion. D'où les deux manières de faire commencer l'année: à la mode chaldéenne, avec le bélier et l'équinoxe de printemps, ou à la mode égyptienne, avec le lion et le solstice d'été. Pour des monnaies alexandrines, associant les planètes à leurs domiciles, voir C. Daremberg-E. Saglio, *Dict. des Antiq. Gr. Rom.*, t. 5, Paris, 1919, p. 1049.

[25] L'un des verbes décrivant la création du monde est πε (*pꜣ*) qui signifie décoller, s'envoler.

[26] La Grande Année, c'est-à-dire le retour des étoiles à leurs places initiales.

[27] Firmicus Maternus, III, 1, 9-10. Voir la traduction de J.R. Bram, *Ancient Astrology Theory and Practice, Matheseos Libri VIII*, by Firmicus Maternus, Noyes Press, Park Ridge, NJ, USA, 1975. Cet auteur donne des diagrammes de toutes les configurations évoquées.

un tout courant bien attesté dans les dialogues du *Corpus Hermeticum*: celui qui voit la fin du monde toute prochaine[28]. En effet, la disposition relative des planètes et des signes zodiacaux est telle que la lune, maîtresse du temps, est d'abord opposée à Saturne, ce qui correspond aux temps primitifs, incultes et farouches; elle entre ensuite en relation successivement avec Jupiter, Mars, Vénus, périodes qui correspondent à des degrés toujours plus perfectionnés de la civilisation. Enfin, la dernière étape est celle d'Hermès, où le luxe des perfections et l'excès du raffinement pervertissent l'humanité et font regretter la sauvagerie primitive: «Ils estimèrent qu'il fallait attribuer à Mercure la dernière période, la lune étant entrée en relation avec lui en dernier lieu (...). À ce moment, s'étant débarrassé de sa sauvagerie, ayant découvert les arts et combiné les sciences, le genre humain avait, dans mille activités, affiné son intelligence; et parce que l'esprit mobile de l'homme ne peut garder une marche de vie uniforme, de la confusion liée à la diversification des coutumes et institutions, naquirent le vice et la perversion. Alors la race humaine, par ses machinations pernicieuses, découvrit et enseigna des crimes honteux. Pour cette raison, on estima qu'il fallait attribuer ce temps-ci à Mercure»[29]. Mercure joue bien le rôle de Seth, le dieu du mal et de l'état présent du monde[30]. Trop de lois, de luxe, de culture engendrent la décadence.

Or, le monde et l'homme suivent les mêmes destins, mourant l'un comme l'autre par excès de chaleur comme par excès d'humidité. L'homme naît aussi comme le monde.

A-t-on des témoignages proprement égyptiens sur ce thème de la «géniture du monde», si joliment évoqué par Théophile Gautier[31], ou ce thème n'apparaît-il que dans les astrologues gréco-romains? À cette question nous répondrons bientôt.

Nous faisons, en effet, l'hypothèse suivante. Pour suivre la cohérence de la pensée hermétique, selon laquelle Hermès-Thot est le dieu qui fait passer de la vie à la mort et de la mort à la vie, le dieu du

[28] Voir G. Fowden, *op. cit.*, p. 13-44, surtout p. 42: c'est la civilisation traditionnelle qui se mourait, et Fowden rapproche la situation de l'Égypte de celle des sociétés précolombiennes qui ont vu disparaître brutalement le monde où elles se mouvaient.

[29] Id., *Ibid.*, III, 1, 14.

[30] Ce thème apparaît en Égypte dans le *Livre de la Vache du Ciel*, où le créateur, Rê, confie le gouvernement du monde à Thot, après la révolte des hommes. Dans la cosmogonie d'Esna, le nom de Thot est mis en rapport avec la racine qui signifie «être amer» et sa naissance avec l'angoisse du créateur, consécutive à la «révolte» d'Apophis. Voir S. Sauneron, *Les Fêtes religieuses d'Esna*, Le Caire, 1962, p. 266-267.

[31] *Le Roman de la Momie*, chap. 13, éd. A. Boschot, Garnier, Paris, 1963, p. 308.

déclin et le dieu des aurores, on peut supposer que la conjoncture astrologique que nous examinons n'est autre que la géniture du monde. Le dialogue du codex VI, qui traite de la régénération, de la re-naissance par la connaissance, serait ainsi placé sous le signe de la naissance du monde. Notre texte désignerait donc, en donnant la position du Soleil et de Mercure, l'horoscope que détaille Firmicus Maternus. Mercure occupe le quinzième degré[32] dans la constellation de la Vierge, dans notre texte comme dans celui de la *Mathesis*, au moment de la naissance du monde.

b) Le Soleil dans le Lion

Cette hypothèse va-t-elle nous permettre de savoir ce que veut dire «le Soleil ϩⲛ̄ ⲡ̄ϭ̄ⲥ̄ ⲟⲩⲉⲓⲉ ⲙ̄ⲡⲉϩⲟⲟⲩ»? Où se trouve le Soleil lors de la naissance du monde? Dans le lion.

L'association du Soleil au lion est fréquente. On la trouve dans d'autres textes gnostiques, comme l'*Apocryphon de Jean*. Cependant, pourquoi l'auteur ne parle-t-il pas du signe du Lion? Ici apparaît un indice du caractère égyptien de notre texte.

Dans certains textes démotiques, en effet, la constellation du Lion est appelée le Couteau et symbolisée par l'hiéroglyphe du Couteau, qui la représente en effet si l'on en relie les étoiles par des traits droits. H. Brugsch a bien expliqué pourquoi les Égyptiens ont parfois donné à ce signe du zodiaque un nom différent de celui qu'il a dans la tradition chaldéo-gréco-romaine: c'est tout simplement qu'il y avait déjà un Lion dans le ciel égyptien et qu'il fallait éviter la confusion[33].

Notre auteur, évitant aussi le nom de Lion, s'est servi d'une expression complexe pour décrire la situation du Soleil dans ce signe. Les deux «textes de Teukros» — le fragment conservé par Rhetorios et le poème astrologique de Jean Kamateros — édités par Boll enseignent le nom des

[32] La doctrine des degrés se trouve exposée par Firmicus Maternus: *Mathesis*, VIII, 4. Au quinzième degré, Mercure se trouve dans le *cœur* de la Vierge.

[33] H. Brugsch, *Nouvelles Recherches sur la division de l'année des Anciens Égyptiens suivies d'un mémoire sur des observations planétaires consignées dans quatre tablettes égyptiennes en écriture démotique*, Berlin-Paris, 1856, p. 22 et 61. Voir F.L. Griffith et H. Thompson, *The Demotic Magical Papyrus of London and Leiden*, II, Londres, 1909, *passim*. Le nom ⲡⲙⲟⲩⲓ (le lion) apparaît dans certains documents démotiques; mais le symbole du signe représente néanmoins un ⲥⲏϥⲉ (couteau). Voir: W. Spiegelberg, «Die ägyptische Namen und Zeichen des Tierkreisbilden in demotischer Schrift», *ZÄS* 48, 1911, p. 146-151. Sur les lions du ciel égyptien, voir C. de Wit, *Le rôle et le sens du lion dans l'Égypte ancienne*, Leiden, 1951, p. 391-395.

trois décans du Lion et de leurs paranatellons[34], c'est-à-dire des morceaux de constellations qui se lèvent en même temps qu'eux. L'un des paranatellons du premier décan du Lion est «la moitié de la barque» (ΤΟ ΗΜΙϹΥ ΤΟΥ ϹΚⲀⲪΟΥϹ).

Or, comment traduire en copte l'expression «la moitié de la barque», sinon par ⲡⲟ̅ϭ̅ⲥ̅ ⲟⲩⲉⲓⲉ? Le mot ⲟⲩⲉⲓⲉ serait donc la transcription du terme *wỉ3*, jusqu'ici non attesté en copte, du moins à notre connaissance.

Le Soleil est donc dans la moitié de la barque qui se trouve sous la constellation du Lion, autrement dit dans le Lion, au début du signe (premier décan).

Il y a, en effet, dans le ciel égyptien, plusieurs embarcations[35]. Le grec les distingue tant bien que mal — il a deux termes, *ploion* et *skaphos*, là où le latin n'aura plus que *navis*. Gundel et Boll ont remis à leur place des différents navires — la nef Argo, la Barque des morts, celle du Sagittaire, etc. — qui, du fait des confusions entre les noms, avaient vogué d'un bout du zodiaque à l'autre. Suivant Boll, nous pensons que le *skaphos* dont parle Teukros est la barque-*wỉ3* / ⲟⲩⲉⲓⲉ, dans laquelle se trouve un serpent, que le lion piétine, dans presque tous les zodiaques égyptiens[36]. Le serpent c'est l'Hydre, et la barque, c'est la nef Argo[37].

D'un point de vue linguistique, il faut noter que le terme *wỉ3* a été transcrit en grec. Un décan du Sagittaire s'appelle, en effet, «le milieu de la barque», *ḥry-ỉb wỉ3* en grec ΡΗΟΥΩ[38].

Nous laissons les savants juges de notre hypothèse. Selon nous, le Soleil doit être dans la «moitié de la Barque», c'est-à-dire au début du signe du Lion, quand son influence est la plus forte[39], et Mercure dans la Vierge, au quinzième degré, les deux planètes définissant la

[34] Voir F. Boll, *Sphaera*, Leipzig, 1903, p. 18, 27 et 172. Le sens du mot *paranatellons* «qui se lèvent avec» varie selon les astres «avec» lesquels les paranatellons se lèvent. Voir Bouché-Leclercq, *op. cit.*, p. 224-226 et Gundel, *Neue Texte..., op. cit.*, p. 141.

[35] Voir Gundel, *Neue Texte..., op. cit.*, p. 202 et 217-219, et surtout Boll, *Sphaera*, p. 169-178.

[36] Voir Boll, *loc. cit.* En fait, le serpent fait partie du lion.

[37] Plutarque, *De Iside*, 22.

[38] Voir E.A.W. Budge, *op. cit.*, II, p. 306, n° 15 et note 1. Voir aussi A. Bouché-Leclercq, *op. cit.*, p. 232-233, Boll, *Sphaera*, *op. cit.*, p. 177, W. Gundel, *Dekane und Dekansternbilder*, Stud. d. Bib. Warburg 19, Glückstadt und Hamburg, 1936, p. 19, n° 14 et p. 77. Ce décan, est parfois léontocépahle, De Wit, *op. cit.*, p. 392. Sur les différentes formes de son nom — *reouô, reoua, aroi, rio* —, v. Gundel, *loc. cit.* (la partie du livre concernant les décans égyptiens a été écrite par S. Schott).

[39] L'influence du Soleil est la plus grande à ce moment, cf. Macrobe, *Saturnales*, voir W. Deonna, «La grenouille et le lion», *Bull. de Correspond. Hellénique* 74, 1950, 1-9. Les deux «moitiés» de la barque correspondent aux deux premiers décans du signe du Lion. Voir le texte de Teukros, édité par Boll, *Sphaera, op. cit.*, p. 18. C'est à ce moment

place de toutes les autres dans ce thème qui est celui d'une re-géniture du monde[40].

L'expression ⲙ̄ⲡⲉϩⲟⲟⲩ «dans le jour» peut s'expliquer par le fait que Mercure est la seule de toutes les planètes à être double, diurne ou nocturne. Diurne, elle s'associe au Soleil et au matin; nocturne, elle entre en rapport avec le soir et la lune. Dans le *thème* de la renaissance, elle ne saurait être que diurne[41].

Nous avons vu que les planètes, dans la géniture du monde, venaient dans un certain ordre qui correspond aux divers âges du monde: âge de Saturne, âge de Jupiter, âge de Mars, etc., jusqu'à celui de Mercure qui est aussi celui de l'iniquité — le nôtre. Or, dans la *Korè Kosmou*, le récit de la création introduit des dieux, qui sont les dieux-astres de l'hermétisme et qui prennent la parole à tour de rôle, dans l'ordre suivant: Soleil, Lune, Saturne, Jupiter, Mars, Vénus, Mercure[42]. Ce qui est l'ordre prévu par l'horoscope du monde.

Considérons maintenant le sarcophage de Sôter, Égyptien du IIe siècle après Jésus-Christ[43]. Ce document semble une illustration parfaite du thème de la géniture du monde.

Il représente la déesse du ciel, Nout, ayant à sa droite, au niveau de la tête, le Soleil dans sa barque *wỉ3* tel un disque contenant le dieu Atoum criocéphale, puis, sous le bras droit de Nout et jusqu'à ses pieds, se succèdent les signes du zodiaque suivants, tous tournés vers le Soleil: Lion, Vierge, Balance, Scorpion, Sagittaire, Capricorne. Du côté gauche de la déesse, la Lune occupe une place analogue à celle du Soleil. Elle est représentée de façon classique par un œil-oudjat dans une barque du soir. Viennent vers elle: le Cancer, les Gémeaux, le Taureau, le Bélier,

que se produit la crue du Nil. Le premier décan correspond au cœur, selon le *Livre Sacré d'Hermès à Asklépios*, voir A.J. Festugière, *RHT*, I, 142.

[40] Le thème de la géniture du monde se retrouve chez Paul d'Alexandrie, mais dans une version «chaldaïsée»: le Soleil y occupe le dix-neuvième degré du Bélier et Mercure le septième de la Vierge, éd. A.E. Boer, *Pauli Alexandrini Elementa Apotelesmatica... Interpretationes Astronomicae add. O. Neugebauer*, Teubner, Lipsiae, 1958, p. 98-100. Voir E. Riess, *op. cit.*, p. 378. Scaliger (*Ibid.*) proposait de corriger Firmicus Maternus, qui place toutes les planètes au quinzième degré de chaque signe.

[41] Firmicus Maternus, *Mathesis*, III, 1, 7. Riess, *op. cit.*, p. 377-378.

[42] A.D. Nock-A.J. Festugière, *Corpus Hermeticum IV, Frag. extraits de Stobée* XXIII-XXIV, Paris, 1954, p. 8-9 et notes 96-102. L'ordre des planètes, qui n'est pas l'ordre dit «correct» (*Ibid.*, III, p. CXCII-CXCVIII) s'explique par référence à la géniture du monde.

[43] Provenant d'une tombe commune de Cheikh Abd el-Gournah, ce sarcophage se trouve au British Museum. Une bonne reproduction de la partie que nous commentons a paru dans J. Baines et J. Malek, *Atlas de l'Égypte Ancienne*, Nathan, Paris, 1981 (éd. française), p. 103.

les Poissons, le Verseau. Taureau et Bélier détournent la tête vers l'arrière.

Cette représentation du zodiaque est, en ce qui concerne l'aspect des signes individuels, classique à l'époque dite grecque. Elle montre combien profondément les images zodiacales ont été repensées dans les catégories égyptiennes. N'en donnons qu'un exemple: la présence du Verseau, *alias* Osiris, aux pieds du mort, correspond au Nil et aux greniers qui se voient au même endroit sur les sarcophages anciens, les pieds symbolisant la terre et l'eau productrices du blé et du vin, autrement dit Osiris le Nourricier[44].

Si l'on envisage maintenant l'ordre des signes, il est patent qu'on se trouve devant une représentation plutôt égyptienne que chaldéenne. En effet, le bélier n'y occupe pas la première place, qui est la sienne dans le système chaldéen[45]. Ce sont les signes septentrionaux, Lion et Cancer, qui occupent la première place. Ici, le zodiaque est réparti en deux demi-cercles, celui qui va du Lion au Capricorne et que Ptolémée appelle «solaire», et celui qui va du Verseau au Cancer et qui est dit «lunaire»[46].

Cette représentation montre, selon nous, le Soleil sur le point de pénétrer dans le Lion, et la Lune dans le Cancer. Bref, elle constitue l'expression iconique du thème astral décrit par Pétosiris — chez Firmicus Maternus — et interprété philosophiquement dans le sixième codex de Nag Hammadi. Il est intéressant de remarquer comment les textes gréco-romains peuvent éclairer des documents graphiques égyptiens[47].

[44] P. Barguet, *Textes des Sarcophages Égyptiens du Moyen Empire*, LAPO 12, Cerf, Paris, 1986, p. 15-16.

[45] Voir, par exemple, Festugière, *RHT* I, p. 144. Le Soleil a son exaltation dans le Bélier (le système des exaltations est chaldéen), son domicile dans le Lion (système égyptien). Notez que Bélier, dans la géniture du monde, occupe cependant le Milieu du Ciel (MC).

[46] Ptolémée connaît aussi cette répartition; mais au lieu de l'interpréter en termes de géniture du monde, il l'interprète en suivant son propre système des qualités élémentaires: voir son *Tétrabiblos*, 1, 13, trad. N. Bourdin de Villennes, revue et prés. par A. Barbault, Vernal, Ph. Lebaud, 1986, p. 52-53.

[47] Ce sarcophage tardif a donc l'intérêt de montrer comment le code représentatif égyptien pouvait s'approprier des idées qui lui étaient *a priori* étrangères, comme la notion de zodiaque. Les deux cynocéphales qui se trouvent de part et d'autre des pieds de la déesse Nout, au fond du sarcophage, coiffés chacun d'un disque et adorant l'un le Soleil et l'autre la Lune, ont probablement un sens astrologique. Selon Horapollon le cynocéphale orant symbolise le lever de la lune (I, 15), le cynocéphale assis l'équinoxe (I, 16): v. A.T. Cory, *The Hieroglyphics of Horapollo Nilous*, Londres, 1840, p. 36-38, qui mentionne le cynocéphale assis sur un pilier-*djed* qui, au Ramesseum, se trouve au centre de la représentation des mois de l'année, entre le dernier et le premier mois. Certes, il serait absurde d'en déduire que tous les cynocéphales apparaissant sur des monuments ont un sens astronomique. En revanche, il importe de savoir qu'ils *peuvent l'avoir* sur certains monuments. Le symbolisme égyptien est décryptable.

Comme Pétosiris qui se faisait représenter renaissant sous la forme du scarabée[48], symbole du monde[49], Sôter espérait renaître comme le monde et revivre éternellement comme le grand tout qui, s'il meurt dans l'Embrasement universel, renaît toujours de l'eau primordiale. «Car le tout est éternellement heureux et nous serons, nous aussi, heureux quand nous nous serons assimilés au Tout car, de cette façon, nous serons remontés à notre cause»[50]. Le codex VI représente la même ambition, atteinte par la vision intérieure.

3. Réflexions sur l'Ogdoade

Dans le sixième traité du codex VI de Nag Hammadi, dont nous venons de voir la cohérence, puisque le thème astral qu'il évoque correspond au sens ultime de l'ouvrage, sont aussi décrits les «huit gardiens» et les «neuf du Soleil» du temple de Thot: «J'ordonne que ce discours soit gravé sur la pierre et que tu le mettes à l'intérieur de mon sanctuaire, sous la garde de huit gardiens et des neuf du Soleil. Les mâles, à droite, sont à visage de grenouilles et les femelles, sont à visage de chats»[51].

Cette description a été judicieusement rapprochée de l'ogdoade hermopolitaine, notamment par Jean-Pierre Mahé, qui remarque toutefois que dans l'ogdoade «classique», les mâles sont à face de grenouille et

[48] Voir F. Daumas, «La scène de la Résurrection au tombeau de Pétosiris», *BIFAO* 59, 1960, p. 63-80. Ce Pétosiris est peut-être le même que l'astrologue.

[49] L'hiéroglyphe du scarabée, à la Basse Époque, écrit le mot ⲧⲟ, la terre. Noter que la notion de «monde» s'exprime par les deux concepts du ciel ⲡⲉ (qui traduit le grec *kosmos* dans le décret de Canope, là où il s'agit de la disposition des corps célestes) et de la terre ⲧⲟ. Le thème de la *genitura mundi* est, en réalité, celui de la naissance de la *terre*, comme le précise Paul d'Alexandrie, qui parle de la création du monde mortel et terrestre (*epigeiou, loc. cit.*). Les Égyptiens aiment relier les deux concepts pour avoir celui du Monde proprement dit: le roi est «donné sur terre en seigneur du ciel» (Daumas, *Les Mammisis des Temples égyptiens*, Paris, 1958).

[50] Proclus, *In Timaeum*, éd. E. Diehl, Teubner, 1903-1906, vol. I-III, p. 5, l. 30 sq., traduit par A.J. Festugière, *Commentaire sur le Timée*, Vrin-CNRS, Paris, 1966, t. 1, p. 29-30. Notre cause, c'est l'*autozoon*, le Vivant-en-soi, *ḫpr-ḏs-f.*

[51] NH VI, 6, p. 62. J.P. Mahé, *Hermès en Haute-Égypte*, I, *op. cit.*, p. 84-85 et commentaire p. 126-127. Pour le mot ΟΥΩΠΕ, ici traduit par sanctuaire, deux étymologies ont été proposées. H.M. Schenke (v. Mahé, *loc. cit.* et p. 34) le fait venir de la racine *wʿb* qui signifie «être pur», et il nous semble que les textes d'Esna confirment ce point de vue, puisque c'est dans la *wʿbyt* (*ouabit*) que se réalise l'union au disque, c'est-à-dire la régénération (cf. S. Sauneron, *Les Fêtes religieuses d'Esna aux derniers siècles du paganisme*, Le Caire, 1962, p. 122). E. Lucchesi (*Le Muséon* 88, 371-373) propose de voir ici le mot *wbꜣ*, parvis (Wb I, 291). Il correspondrait au lieu «le plus en vue» (*epiphanestatoi*), la «cour large» (*wsḫt*), où étaient affichés les décrets royaux (Décret de Canope, 37, K. Sethe, *Hieroglyphische Urkunden der griechisch-römischen Zeit*, Leipzig, 1904-1916, cité ci-après Urk II, p. 154, l. 4).

les femelles à face de serpent[52]. La question préalable à toute étude du symbolisme de cette compagnie divine est donc: a-t-on trouvé en Égypte une telle représentation de l'ogdoade avec des grenouilles et des chattes? La réponse est oui.

Entrons dans le temple d'Edfou. Sur la face interne de la paroi nord du mur d'enceinte, côté ouest, se trouve au registre supérieur une représentation des huit divinités primordiales, les mâles étant des grenouilles et les femelles des chattes[53]. Ce fait nous incline à penser que le rédacteur de notre texte n'est pas un *Hellène* qui habille à l'égyptienne ses fantaisies propres; mais un scribe bien au courant du sens des représentations religieuses de sa nation. Cette idée peut-elle se confirmer?

Un texte d'Edfou accompagnant une autre représentation de l'ogdoade hermopolitaine constitue l'un des énoncés fondamentaux de la théologie de Thot, présenté dans son action créatrice. En voici quelques phrases essentielles: «Un lotus apparut dans lequel était un enfant qui éclaira cette terre de ses rayons. Et un bouton de lotus fut produit (litt. craché) ayant une naine en son intérieur, et le Soleil eut joie-et-désir en la voyant. Et un ibis fut engendré par la pensée (ⲙⲉⲩⲉ) de son cœur divin, Thot le grand qui a tout créé, langue-cœur annonçant les choses à venir». Issu du désir du créateur, Thot est la pensée ouvrière de vie: «Il est l'unique, celui qui est à la tête de l'univers (*ḥry tp tꜣ wy*[54]), pour guider les vivants. On l'appelle VIE; son œuvre est de créer la vie (*kꜣ t.f pw sḫpr ʿnḫ*)»[55]. Thot est ici le créateur de l'homme, comme il le sera dans la *Korè Kosmou*; il est aussi la *noesis noeseos* d'Aristote, selon qui l'acte de l'intelligence est vie. Car Thot est l'intellect divin.

Si l'on compare ce texte à celui du traité de Nag Hammadi, on relève quelques expressions parallèles: «Je fais silence, ô mon père. Je désire

[52] J.P. Mahé, *op. cit.*, p. 37. Sur le symbolisme des serpents et des grenouilles, voir B.H. Stricker, *De Geboorte van Horus*, Leiden, 1963-1975, t. 2, p. 162-164.

[53] Voir E. Chassinat, *Le Temple d'Edfou*, t. 1-14, Le Caire, 1892-1934: t. 6, p. 185, n°s 17 à 24, inscr. 60-67, t. 10, pl. 149 et t. 14, pl. 560-561). Aujourd'hui endommagée, l'image ne permet plus de voir les deux divinités *Ny* et *Nyt*. Voir K. Sethe, «Amun und die acht Urgötter von Hermopolis», *APAW*, 1929, 4, § 121, qui se réfère à Lepsius. Noter que dans ce cas, ce sont les femelles qui ont des têtes félines.

[54] *Tꜣwy* se traduit par *oikoumene* (Wb V 217, 11 et 218, 5 et 9). Il s'agit de l'ensemble du monde habité. Dans un sens plus large, le mot égyptien peut désigner le ciel et la terre: l'univers entier. Voir H. von Bergman, *Ich bin Isis*, Acta Univ. Upsal. Hist. Relig. 3, Uppsala, 1968.

[55] Texte de la chapelle du Trône de Rê (De Rochemonteix)-Chassinat, *op. cit.*, t. 1, p. 289 (planches et photographie: t. 9, pl. 29 b et t. 11, pl. 319) (voir maintenant l'édition révisée). Traduction: Mohiy E.A. Ibrahim, *The Chapel of the Throne of Re of Edfu*, Bib. Aegyptiaca 16, Bruxelles, 1975, p. 45-46 et pl. 9.

t'adresser un hymne en silence. — Adresse-le moi donc, car je suis l'Intellect (le *Noûs*). — J'intellige l'intellect, Hermès qui n'a pas d'herméneute, car il se retranche en lui-même, et je me réjouis, ô mon Père, voyant que tu souris, et le Tout se réjouit. C'est pourquoi il n'est pas de créature qui puisse être privée de ta vie. Car c'est toi le maître des citoyens en tout lieu. Ta Providence est une sauvegarde...». L'expression «maître des citoyens en tout lieu» (ⲡⲁⲟⲉⲓⲥ ⲛⲛⲙⲡⲟⲗⲉⲓⲧⲏⲥ ⲙ ⲙⲁ ⲛⲓⲙ) semble une traduction de *ḥry-tp tꜣ wy ḥr ỉr sšm n ʿnḫw nb* du texte d'Edfou[56].

Ces rapprochements seront certainement précisés par de plus savants, qui auront à déterminer si la gnose hermétique constitue une réinterprétation philosophique des textes cosmogoniques d'Edfou; ou si ces textes et représentations du temple d'Edfou ne sont qu'une expression mythique et allégorique d'une sagesse qui trouverait son ultime et déclose expression dans les codices de Nag Hammadi.

La deuxième question qui se pose à nous est celle-ci: que symbolisent ces huit gardiens, cette ogdoade liée à la création du monde accomplie par Thot? Dans les textes hermétiques, en effet, l'ogdoade désigne les sphères célestes. Ces huit sphères hermétiques[57] ont-elles un prototype égyptien?

Ce prototype existe: il s'agit des huit dieux-*ḥḥw*. On nous dira que ces *ḥḥw* (Héhous) sont représentés comme des hommes soutenant le ciel et non comme des sphères[58]. Nous répondons qu'il s'agit là d'une *représentation* iconique exprimant bien le rôle des Héhous et non leur essence. L'idée que les Égyptiens se faisaient des Héhous apparaît mieux dans les textes, surtout dans les *Textes des Sarcophages*.

a) Les Héhous sont entre ciel et terre

«[Ô ces Héhous] dont l'étendue est celle du ciel et la largeur celle de la terre... nouez l'échelle de Chou, car je suis l'âme de Chou qui monte sur les ailes de Chou, père des dieux» dit le défunt en s'adressant aux Héhous[59]. Il est clair ici que les Héhous sont des cieux, ou quelque chose d'approchant, et non des piquets droits.

[56] Le mot *ʿnḫw* est traduit par *anthropoi* (Canope 14, Urk II, 135, 1).

[57] Huit sphères dépendent du Soleil, selon le *Corpus Hermeticum*, CH XVI, 17 (éd. Nock-Festugière, II, p. 237; voir *Ibid*., p. 215, n. 65). Voir CH I, 267 et CH XIII, 15, ainsi que J. Festugière, *La Révélation d'Hermès Trismégiste*, III, 122-123, 130-132, 291, 297-298, 344 où sont cités des papyrus magiques grecs qui font allusion à l'ogdoade. Cf. aussi Mahé, *op. cit*., p. 40.

[58] Voir Mahé, *op. cit*., p. 38: «L'Ogdoade et les huit Héhous».

[59] Cf. A. De Buck, *The Egyptian Coffin Texts*, vol. I-VII, Chicago, 1935-1961, cité CT ci-après. Ce passage est extrait du Spell 78, CT II, 20-21. Traduction et commentaire: J. Zandee, *ZÄS* 100, 1974, p. 141 et 142-143; P. Barguet, *Textes des Sarcophages*, *op. cit*., p. 469.

b) Les Héhous entourent le ciel atmosphérique

Les Égyptiens avaient plusieurs mots pour désigner les différents étages de ce que nous nommons le ciel. On distingue au moins entre *pt* ou ⲡⲉ, le ciel proche de la terre, c'est-à-dire l'air et le ciel lointain, *ḥrt* dans lequel se trouvent les étoiles[60]. Or, que disent les textes des Sarcophages sur la situation des Héhous?

«Ô ces huit Héhous comme Héh de Héh (*ỉ ḥḥw* 8 *ỉpw m ḥḥ n ḥḥ*), qui entourent le ciel de leurs bras (*šnn pt m ʿwy.sn*), qui réunissent le ciel et le sol de Geb (*s3ḳ pt 3kr n Gb*), Chou vous a enfantés de Héhou, de Nou, de Ténémou et de Kékou. Il vous assigne (*ỉp*) à Geb et à Nout. Donc (*śk*) Chou est la pérennité (*nḥḥ*) et Tefnout l'éternité (*ḏt*)»[61].

Ce texte établit un lien entre les dieux primordiaux, les dieux élémentaires de l'ogdoade hermopolitaine, ici appelés Héhou, Nou, Ténémon et Kékou[62] (ⲕⲁⲕⲉ) et les Héhous que Chou a tirés d'eux pour être les gardiens de l'ordre cosmique. Les Héhous ne sont pas des piliers, mais des cercles ou des sphères — le mot *šnn*, entourer, est déterminé par la corde —, issus de la conjonction entre le dieu du souffle vital et de la limite, et les puissances primordiales illimitées.

Le dieu Chou est identifié avec ce que les textes hermétiques appellent «l'enveloppant», le *periechon* et que les textes hiéroglyphiques symbolisent par le *šn*, l'anneau qui enserre le monde[63].

Selon l'*Asclépius*, au-delà des sept sphères planétaires et de l'air qui entoure la terre, se trouvent le ciel des étoiles fixes avec les décans, puis le «Caelus», le grand enveloppant où siège Dieu. Telle est la vision du cosmos qui apparaît dans le texte des Sarcophages que nous venons de citer. Nout est le ciel des fixes, Chou est le Caelus suprême, c'est-à-dire la pérennité. Il se trouve, en effet, au-delà du temps produit par les Héhous, dieux astraux. Les textes des sarcophages méritent ici d'être cités. Leur rapprochement avec des textes de la tradition hellénistique prouvera l'identité dont nous parlons.

[60] Voir Lepsius, «Über die Götter der vier Elemente bei den Ägyptern», *APAW*, Berlin, 1856, p. 184-185. Cf. Kurth, *D. Himmel Stützen*, Bruxelles, p. 74, n. 5 et p. 103, 129. Le nom mythique du ciel lointain est Nout. Toutefois, cette question mérite des développements plus amples, que nous ne pouvons donner ici. Cf. aussi W. Vycichl, *op. cit.*, p. 157.

[61] Sp. 80, CT II, 27; J. Zandee, *ZÄS* 101, 1974, p. 62 et 66; P. Barguet, *op. cit.*, p. 470. L'expression «comme Héh de Héh» est traduite par J. Zandee: «comme des millions de millions» et par P. Barguet «pris individuellement», «couple par couple», ce qui semble meilleur; mais l'idée reste obscure.

[62] P. Barguet, *loc. cit.*, traduit ainsi ces noms: Chaos, Magma, mouvant et obscurité.

[63] Voir J. Quaegebeur, *Shaï*, p. 84, n. 5; J.P. Mahé, *op. cit.*, p. 40-41; B.H. Stricker, «De Grote Zeeslang», *Med. en Verh. E.O.L.*, 10, Leiden, 1953, p. 20.

c) Ils sont en rapport avec le temps

La création du temps, dans certains récits cosmogoniques égyptiens, précède la création du monde matériel[64].

Dans les *Textes des Sarcophages*, les Héhous apparaissent comme les rejetons de Chou sous sa forme de *nḥḥ*, c'est-à-dire de pérennité ou éternité nombrée:

«Je suis la Pérennité qui met au monde les Héhous, image d'Atoum; quant à l'Éternité, c'est ma sœur Tefnout»[65]. Le dieu Atoum, le parfait, est au-delà de l'être et du non-être. Les théologiens égyptiens jouaient sur le nom d'Atoum, voyant en lui le parfait, l'absolu, et celui qui n'est pas, et développant ainsi une théologie négative. L'être commence, pour la métaphysique égyptienne, avec la distinction d'une dualité au sein du principe. Cette première scission au sein de l'Un primordial, aboutit au couple Chou-Tefnout, la première dyade, présente en tout ce qui est. Chou et Tefnout sont inséparablement unis, ils sont le tout, ils récapitulent l'être: «Quant à tout ce qui est, c'est Pérennité et Éternité. Pérennité c'est le jour, Éternité la nuit»[66].

Tandis que le dieu Atoum est au-delà même des deux formes de temps ou d'éternité, Chou met au monde les *ḥḥw*, «image (*whm*) d'Atoum», c'est-à-dire trace d'Atoum dans le sensible, comme le trou dans le sable est le vestige de la patte de l'âne qui s'y est imprimée[67].

La liaison étroite ainsi établie entre le temps et les Héhous fait songer que ceux-ci symbolisent vraisemblablement des cieux ou des planètes, plutôt que des «étais». Platon écrit, dans le *Timée*: «Le temps est né avec le ciel, afin que nés ensemble, ensemble ils se dissolvent, s'ils doivent être un jour dissous... Afin qu'apparût le temps, le Soleil, la Lune et les cinq autres astres qu'on nomme planètes vinrent à l'existence, pour distinguer et garder les nombres (du temps)»[68].

[64] S. Sauneron, *Esna. Fêtes*, p. 291-292.

[65] CT 78, II, 21-22. Mêmes références que ci-dessus. P. Barguet traduit: «(moi) doublet d'Atoum» (*op. cit.*, p. 469). Cf. Sp. 80, CT II, 31 e, J. Zandee, *ZÄS* 101 (1974), p. 63 et 69, P. Barguet, *op. cit.*, p. 471. Il existe, d'après ce texte, un rapport entre l'éternité et la moëlle épinière, comme dans le mot grec *aion*.

[66] CT IV 200-202. Les mots que nous traduisons par *pérennité* et *éternité* sont, respectivement, *nḥḥ* (ⲉⲛⲉϩ) et *ḏt*. *Nḥḥ* est l'éternité nombrée, *ḏt* est une globalité indécomposable, voir M. Alliot, *Le culte d'Horus à Edfou au temps des Ptolémées*, Bib. d'ét. de l'IFAO, t. 20, Le Caire, p. 706. J. Assmann, *Zeit und Ewigkeit im alten Ägypten*, *AHAW* 1, 1975.

[67] C'est ainsi qu'il faut comprendre, croyons-nous, l'hiéroglyphe de la patte qui accompagne les mots voulant dire *signe* et qui écrit la racine *whm* qu'on traduit «renouveler». Wb I 340.

[68] Timée 38 b-c.

Tels sont les Héhous. «Ayant façonné le corps de chacun d'eux, le dieu les a placés, au nombre de sept, dans les sept orbites que décrit la substance de l'autre»[69]. Platon assigne la même cause à la naissance des orbes des astres que nos textes à celle des Héhous. Ils font exister le temps et ils sont le reflet d'Atoum, comme le temps est l'image mobile[70] de l'éternité immobile, selon la célèbre définition du *Timée*.

d) Rapport avec l'ogdoade d'Hermopolis

Le rapport qu'entretiennent les Héhous astraux avec l'ogdoade hermopolitaine est un rapport d'engendrement, selon les textes des sarcophages puisqu'ils sont nés de Chou et des dieux élémentaires. Le Papyrus d'Anhaï, un livre des morts édité par Budge, fournit une indication très remarquable. L'avant-dernière scène du Papyrus montre en effet la momie de la défunte au haut des quinze degrés de l'escalier sacré d'Hermopolis. De part et d'autre de l'escalier sont des dieux criocéphales, qui incarnent en général la force créatrice des huit (deux fois quatre) divinités primordiales. Au-dessus, dans le ciel, huit cercles blancs, qui peuvent être des globes ou des disques, veillent sur la momie[71]. Ici, au moins, il semble que les Héhous aient été conçus comme des disques, voire comme des sphères. La révélation de l'ogdoade précède, chez Anhaï comme dans le traité NH VI, 6, la manifestation suprême. Dans le papyrus, la vignette de l'ogdoade précède la vignette finale, qui montre le monde dans sa création.

Le scribe du traité intitulé «L'ogdoade et l'ennéade» semble donc avoir puisé à bonne source sa documentation égyptienne. Plutôt que d'y voir un homme peu au courant des anciennes problématiques, un grec qui pare des plumes du paon ses conceptions philosophiques, nous proposons d'y voir un fils de la vallée du Nil, peut-être encore capable de lire les hiéroglyphes, et, en tout cas, absolument conscient de l'héritage culturel du paganisme égyptien.

60, Rue Danton
F-92300 LEVALLOIS-PERRET

[69] *Ibid.*, 38 c.

[70] Une étymologie probable du nom des Héhous rattache ce mot à la racine *ḥḥ* qui signifie aller, marcher, couler. C'est l'idée d'un mouvement incessant. Wb III, 152, 5-7.

[71] P. BM 10472. E.A.W. Budge, *The Book of the Dead. Facsimiles of the Papyri of Hunefer, Anhai, Kerasher and Netchemet...*, London, 1899, pl. VIII et p. 29. La vignette est aussi dans E. Rossiter, *Le Livre des Morts, Papyrus d'Ani, Hunefer, Anhaï*, Liber, Fribourg/Genève, 1979/1984, p. 108-109.

IMPOSITION DES NOMS AUX «ÂMES VIVANTES» ET MANIFESTATION D'ÈVE DANS LES TRAITÉS D'*EUGNOSTE* ET DE LA *SAGESSE DE JÉSUS-CHRIST*

par

Anne PASQUIER

Un passage d'un traité gnostique, intitulé la *Sagesse de Jésus-Christ*, raconte l'écoulement dans le monde matériel d'une goutte de lumière et d'esprit hors du monde supérieur[1]. Ce passage, compris entre les pages 119, 2 et 120, 13 du papyrus de Berlin (*BG* 8502), fait suite à une question de Marie (peut-être Marie-Madeleine) au Sauveur sur l'origine des disciples et le but de leur descente ici-bas (SJC BG 117, 12ss.). Or, comme l'auteur lui-même le rappelle, l'histoire de l'écoulement d'une goutte de lumière a déjà été rapportée, d'une façon un peu différente, dans un passage traitant cette fois de la manifestation du Sauveur[2]. Si la *Sagesse de Jésus-Christ* raconte deux fois une même venue dans le monde matériel, c'est que celle-ci est, dans une certaine mesure, en même temps celle du Sauveur et celle des disciples. En d'autres mots, cette reprise s'explique par l'ambiguïté que le texte entretient délibérément à propos de l'identité de ces deux entités supérieures que sont le Sauveur et l'Église (l'Église, c'est-à-dire toute la race spirituelle représentée ici par les apôtres et les disciples).

Une telle vision du Sauveur et de l'Église se trouve déjà dans les deux versions d'un autre traité de Nag Hammadi, nommé *Eugnoste*, dont la *Sagesse de Jésus-Christ* est un remaniement, celle-ci ayant en effet inséré avec quelques modifications et adaptations la révélation d'*Eugnoste* dans le cadre d'un scénario qui met en scène le Sauveur dialoguant avec ses disciples[3]. En fait, la *Sagesse* développe dans les deux

[1] Deux versions de la *Sagesse de Jésus-Christ* (SJC) nous ont été transmises en copte, l'une, dans le codex III trouvé près de Nag Hammadi (NH III 4 90, 14 - 119, 18), l'autre, dans le papyrus de Berlin nommé BG 8502 (BG 3 77, 8 - 127, 12).

[2] Par cette formule: «ainsi que je l'ai dit précédemment», l'auteur du BG 8502 rappelle ainsi: SJC BG 102, 7 - 106, 9 = SJC III 106, 9 - 108, 16.

[3] Il existe deux versions d'*Eugnoste* (Eug) provenant de Nag Hammadi: NH III 3 70, 1 - 90, 13 et NH V 1 1, 1 - 17, 18. Dans sa relecture d'*Eugnoste*, la *Sagesse de Jésus-Christ* apporte bien sûr quelques modifications au texte qu'elle a pris pour modèle; cependant, le but d'une relecture étant de compléter ou de préciser un texte que l'on prend comme point

récits de descente ce qu'un passage concis d'*Eugnoste* ne faisait qu'évoquer: la manifestation dans le chaos — dans notre monde inférieur visible — de ce qui se révélera être l'Homme immortel.

Récit de l'écoulement d'une goutte de lumière et d'esprit dans le chaos (SJC BG 118, 18 - 120, 3): l'oubli de l'âme[4]

«*Ceux qui devinrent voilés en esprit sortirent des* éons *(ou des mondes) supérieurs, par émanation lumineuse — ainsi que je l'ai dit précédemment, une goutte de lumière et d'esprit s'écoulant dans les régions inférieures du Tout-puissant du chaos*[5] *— afin qu'**Il** se manifeste dans leurs modelages* (plasma) *par l'entremise de cette goutte, ce qui signifie une condamnation pour cet archonte démiurge qui est appelé Ialdabaoth. La goutte dont il est question se manifesta dans leurs modelages, grâce au souffle (du démiurge Ialdabaoth), en vue d'une âme vivante*[6]. *Elle se refroidit et s'endormit dans l'oubli de l'âme*»[7].

Ayant donc annoncé que ces choses adviendraient de façon voilée ou signifieraient un obscurcissement de l'esprit, l'auteur fonde son récit sur celui de *Genèse* 2,7ss. concernant le modelage d'Adam — «*Et Dieu façonna l'homme, poussière prise à la terre, et il souffla sur sa face un souffle de vie et l'homme devint être vivant*»[8] —, avec la pensée qu'une lecture littérale voile la signification spirituelle de cet acte démiurgique. D'une manière parallèle selon lui, la vie corporelle produit l'oubli de l'âme: il suit en cela les milieux religieux grecs dont Platon est l'héritier sur le plan philosophique. Car il est ici question de la création, par l'archonte démiurge et ses anges subalternes, du modelage de boue ou du corps — c'est l'homme charnel — destiné à recevoir la goutte de lumière et d'esprit. En cet homme

de départ, les additions et précisions ne peuvent se comprendre qu'en référence à ce dernier. Il nous a semblé intéressant de montrer ici, non pas les divergences, mais l'harmonie qui existe entre le récit de la *Sagesse* sur l'imposition des noms et la doctrine, fondamentale chez *Eugnoste*, de la manifestation des noms divins par l'Homme immortel.

[4] Ce passage manque dans la version du codex III.

[5] Pour les Chrétiens gnostiques, le Tout-puissant du chaos est une Puissance inférieure, ou un archange utilisé par la Sagesse divine comme instrument dans l'œuvre de la création. Il est le démiurge du monde matériel et c'est lui qui, accompagné de ses anges subalternes, y façonne ou modèle les hommes (leurs modelages). La *Sagesse de Jésus-Christ* reprend en raccourci, dans ce passage, et souvent avec le même vocabulaire, un thème qui est abondamment développé dans l'*Écrit sans titre* (NH II 5 114, 24 - 116, 8).

[6] Ou: «pour qu'ils deviennent "âme vivante"», voir *Genèse* 2,7: εἰς ψυχὴν ζῶσαν (en copte: ⲉⲩⲯⲩⲭⲏ ⲉⲥⲟⲛϩ).

[7] Jeu de mots, compréhensible en grec, sur *psukhè*, âme et *psukhos*, froid.

[8] *La Bible d'Alexandrie*, I. *La Genèse*. Traduction du texte grec de la Septante, Introduction et Notes par M. Harl, Paris, 1986, p. 100.

charnel à qui est insufflée une âme, se manifeste également la goutte lumineuse: de charnel et psychique, il devient une âme vivante, c'est-à-dire spirituel[9]. Mais Adam s'endort et perd cette puissance.

Selon plusieurs traités gnostiques, la fabrication des modelages est une tentative, de la part de l'archange démiurge, pour capturer la puissance spirituelle lumineuse[10]. Mais une telle tentative est vaine puisque la venue de cette puissance est voulue par le Dieu suprême: selon une exégèse de *Jean* 1,9, le premier récit de la *Sagesse de Jésus-Christ* précisait en effet que «*tout homme devant venir dans le monde*» a été envoyé, par l'entremise du Sauveur, sous la forme d'une goutte de lumière et d'esprit[11]. C'est grâce à un tel envoi, «*par l'entremise de cette goutte*» dit le texte, que pourra se manifester dans les modelages, celui dont la venue signifiera la condamnation du démiurge et de ses anges. Le texte précisera par la suite qui est ce «Il» pour le moment non encore révélé, à cause du sommeil d'Adam redevenu psychique.

Le salut: le réchauffement de la goutte de lumière et d'esprit (SJC BG 120, 3-13).

La suite raconte l'envoi d'un(e) aide vers l'homme ainsi endormi, suivant *Genèse* 2,18: «*Et le Seigneur Dieu dit: "Il n'est pas bon que l'homme soit seul. Faisons lui une aide qui lui corresponde*"»[12]. D'après le traité gnostique cependant, c'est parce que l'homme a sombré dans un sommeil d'oubli qu'il se retrouve seul: le sommeil d'Adam précède donc l'annonce de l'aide qui viendra le réveiller, il en est la condition préalable. C'est pourquoi, selon l'auteur, le récit qui suit cette annonce, en *Genèse* 2,19-25, signifie que l'aide a déjà été manifestée: autrement dit, si a lieu le rassemblement des êtres vivants vers Adam et qu'il peut leur donner nom, c'est qu'il est sorti de l'oubli et n'est plus seul:

[9] L'âme de l'homme est ici distinguée du *pneuma* spirituel comme en 1 *Corinthiens* 15,47.

[10] Voir par exemple, l'*Écrit sans titre*, NH II 5 112, 256 - 113, 10.

[11] Comme on le verra, l'expression «venir dans le monde ou dans le cosmos» peut signifier à la fois descendre dans le monde du chaos mais aussi «venir à la lumière» ou «être formé», comme dans les *Extraits de Théodote* 41,4, selon un jeu de mots sur les deux sens du mot cosmos: «C'est en effet lorsque "l'Homme" a été "illuminé" qu'il est "venu *dans le monde*", c'est-à-dire qu'il s'est mis lui-même en *ordre*, en séparant de lui les "passions" qui l'obscurcissaient et qui étaient mêlées à lui» (traduction: F. Sagnard, *Clément d'Alexandrie. Extraits de Théodote*. Texte grec, Introduction, Traduction et Notes [*SC* 23], Paris, 1948, p. 149).

[12] Traduction: *La Bible d'Alexandrie*, I. *La Genèse*, éd. Harl, p. 104 (Aide = βοηθὸν).

Dès que la goutte de lumière et d'esprit «*eut été réchauffée par le souffle de la grande Lumière de l'époux*[13], *c'est alors qu'**Il** forma dans son esprit des pensées, en sorte que tous, — ceux qui sont dans le cosmos du chaos et chacun de ceux qui sont en Lui —, reçoivent nom de la part de* **cet immortel**, *lorsque le souffle lui eut été insufflé*».

Cet extrait se fonde précisément sur le passage de la *Genèse* qui suit immédiatement l'annonce de l'aide: «*Et Dieu façonna encore à partir de la terre tous les animaux sauvages des champs et tous les volatiles du ciel, et il les amena à Adam pour voir comment il les appellerait, et toute appellation qu'Adam donna à un être vivant, cela fut son nom. Et Adam donna des noms à tous les bestiaux et à tous les volatiles du ciel et à tous les animaux sauvages des champs...*» (*Genèse* 2,19-20)[14].

On peut tout d'abord noter que la *Sagesse de Jésus-Christ* évite toute référence aux différentes sortes d'animaux à qui Adam donne nom mais qu'elle leur substitue une totalité désignée comme: a) «*ceux qui sont dans le cosmos du chaos*», b) «*tous ceux qui sont en Lui*». Le contexte n'incite évidemment pas à considérer ceux qui vont recevoir un nom comme des animaux, bestiaux et volatiles, puisqu'on y raconte l'envoi de tous les hommes devant «*venir dans le cosmos*» et qui deviendront «*âmes vivantes*». Il s'agit ici d'une interprétation allégorique des animaux figurant des êtres spirituels, à cause du nom d'êtres vivants ou d'âmes vivantes qui leur est accolé dans la *Genèse*. Chez *Eugnoste* et dans la *Sagesse de Jésus-Christ*, le nom ainsi donné est, comme nous le verrons, lié à la Vie ainsi qu'au nom même de l'homme, en sorte que toute appellation qu'Adam donne aux êtres vivants, cela est son nom à lui.

Ensuite, les vivants ou les spirituels qui reçoivent nom sont identifiés, dans une certaine mesure, à l'aide envoyée ici-bas vers l'homme pour le moment psychique, puisque, suivant le texte de la *Genèse*, c'est immédiatement après l'annonce d'une aide qu'a lieu la création des animaux et leur rassemblement en vue de l'imposition des noms[15]. À ce propos, il faut signaler l'ambiguïté entretenue délibérément par l'auteur de la *Sagesse de Jésus-Christ* à propos de l'aide et des différentes entités,

[13] En copte: ⲡϩⲟⲟⲩⲧ, c'est-à-dire le mâle, le conjoint ou le mari dont le souffle réchauffe: le verbe ἐπεφέρετο qui dans la *Genèse* décrit l'activité du *pneuma* ou du souffle (*Genèse* 1,2) est quelquefois compris comme un réchauffement: le souffle réchauffe et vivifie les eaux, voir à ce sujet l'éd. Harl, *op. cit.*, note p. 87.

[14] Traduction: *La Bible d'Alexandrie*, I. *La Genèse*, éd. Harl, p. 104.

[15] En *Genèse* 2,8 et 15, le verbe πλάσσω: «modeler» ou «façonner», est utilisé pour désigner la formation de l'homme; en 2,19, pour celle des animaux appelés «êtres vivants».

ambiguïté marquée entre autres par l'alternance des différents pronoms: il/elle. Mais essayons de comprendre l'ensemble de ce récit:

A) En même temps que l'insufflation de l'âme par l'archonte démiurge se produit l'ensemencement d'une goutte de lumière et d'esprit dans l'homme. Cette goutte, désignée comme un élément féminin, a été envoyée «*par la volonté de la mère, Sagesse*» (SJC 120, 15): c'est donc, selon la doctrine gnostique habituelle, parce que cet élément féminin est séparé de sa partie masculine qu'il sombre dans l'oubli de l'âme. L'homme est ainsi redevenu psychique puisqu'il a perdu ce qui peut lui donner la Vie. C'est alors qu'il lui faut l'intervention du Fils de l'Homme-Sauveur, conjoint de Sagesse, celle-ci représentant l'ensemble des gouttes de lumière ou l'ensemble de l'esprit descendu dans le monde.

B) Le salut se produit grâce à une deuxième insufflation, celle de la «*grande Lumière de l'époux*». De psychique, Adam devient alors lumière et esprit: la goutte, qu'il porte en lui, a été réchauffée et vivifiée par la lumière de son conjoint spirituel, le Sauveur. La réunion de cette semence spirituelle féminine à son conjoint provoque la manifestation d'un Homme immortel androgyne, manifestation marquée dans le texte par un passage du «*elle*« au «***Il***»[16].

Or, cet Homme immortel est conçu comme une multitude, ce que révélait d'ailleurs la question de Marie qui portait sur la venue des disciples ici-bas. Car le réchauffement de la goutte d'esprit et de lumière correspond à l'effusion de l'esprit en chacun par le Sauveur après sa résurrection, ou au partage des langues de feu à la Pentecôte, partage qui a pour effet de manifester l'Église comme une multitude unifiée dans l'esprit. D'où la multiplicité des noms: on nous dit en effet que tous reçoivent nom par l'entremise de l'Homme immortel, lorsque le souffle lui eut été insufflé, **tous**, c'est-à-dire ceux qui sont dans le cosmos du chaos et chacun de ceux qui sont en Lui (selon la *Genèse*, il s'agit ici du rassemblement des âmes vivantes vers Adam en vue de l'imposition des noms).

On peut toutefois remarquer qu'une certaine dualité caractérise cet Homme immortel intérieur. D'une part, il a le pouvoir de donner nom, ce qui sous-entend sa domination sur toutes les créatures, c'est-à-dire, entre autres, les modelages de boue. Ce pouvoir lui vient de son andro-

[16] La notion de «goutte» impliquait évidemment la séparation d'une parcelle de son ensemble originel; une fois réchauffée, celle-ci se fond en une lumière indivisible.

gynie, puisque, selon une interprétation gnostique de *Genèse* 1,26-27, c'est parce que l'homme est masculin et féminin qu'il porte la ressemblance de Dieu et acquiert ainsi la souveraineté. Une telle doctrine rappelle un fragment de Valentin conservé par Clément d'Alexandrie (*Stromate* 4.89.6 - 4.90.1): «*Et à la vue de cette œuvre modelée, c'est pour ainsi dire de la crainte qui saisit les anges, quand grâce à celui qui avait mis invisiblement en elle la semence de la substance d'en haut et qui s'exprimait ouvertement, cette œuvre fit entendre des sons qui dépassaient le mode de sa fabrication. Oui bien, une fois qu'il eût été façonné au nom de l'homme, Adam fit ressentir la crainte de l'homme préexistant, en tant précisément que cet homme avait été établi en lui*»[17].

Mais d'autre part, l'imposition des noms aux âmes vivantes, c'est-à-dire aux modelages en qui le souffle de Vie s'est manifesté, a lieu, selon le texte, au moment même où ce souffle est insufflé à l'Homme immortel lui-même: en ce sens, celui-ci est identifié à ceux qui reçoivent un nom. La double désignation des êtres devant être nommés: «*ceux qui sont dans le monde du chaos et chacun de ceux qui sont en Lui*», l'Homme immortel, se base certainement sur le fait que la *Genèse* porte «*les bêtes sauvages des champs et les volatiles du ciel*» et elle peut signifier deux choses: soit que l'Homme donne nom: 1) aux puissances du chaos, marquant ainsi sa domination sur elles; 2) aux vivants qui sont en Lui et qui sont ainsi devenus ses membres immortels; soit, plus probablement, que l'ensemble des membres n'est pas encore totalement rassemblé, certains étant encore momentanément «*dans le chaos*» alors que d'autres en sont déjà sortis: en étant spirituellement formés, ils sont devenus membres de l'Homme de Lumière.

L'Homme spirituel intérieur est donc à la fois celui qui reçoit le salut et celui qui le donne grâce à l'imposition des noms: pour comprendre cette exégèse, il faut retourner au texte que la *Sagesse* a remanié, celui d'*Eugnoste*, qui décrit la manifestation de l'Homme de l'Église à partir du Sauveur.

Manifestation de l'Homme immortel androgyne: Adam-Église et Ève-Vie (Eug III 85, 21 - 88, 2; et SJC BG 109, 4 - 113, 10).

Eugnoste ne décrit pas l'écoulement d'une semence lumineuse dans le monde inférieur puisque c'est du processus de salut dont il est question tout au long du traité, salut qui s'accomplit avec le dévoilement dans le

[17] Traduction: A. Festugière, *Vig. Christ.* 3 (1949), p. 203-204.

chaos de l'Église préexistante avec le Sauveur. De fait, il se contente simplement d'évoquer à quelques reprises, soit *«la déficience de l'élément féminin»*, soit ce qui lui correspond, l'état de division de l'Église ici-bas: bref, ce qui a nécessité la manifestation du Sauveur[18]. En tant qu'expression de la plénitude ou du *plérôme*, celui-ci a l'aspect d'une *«grande Lumière androgyne»*, les termes *«grand»* ou *«grandeur»* impliquant toujours, dans ces textes, l'idée d'une multiplicité innombrable incluse en Dieu ainsi que l'idée de transcendance. Le Sauveur est en fait la révélation de la multitude préexistante du monde supérieur, jusque-là cachée dans l'engendré du Père, et décrite comme pensée dans son intellect, pensée d'où surgit une multitude de réflexions et délibérations[19]. L'union de cette multitude préexistante dans le Fils —

[18] La «déficience de la partie féminine» de l'Homme immortel androgyne dont fait mention *Eugnoste* est un élément connu de l'anthropogonie gnostique, en particulier valentinienne. Cette déficience, qui touche l'Église spirituelle, signifie la perte de l'androgynie divine, l'union avec le Fils de l'Homme-Sauveur, d'où, nous le verrons, la nécessité d'une intervention de ce Sauveur: accompagné d'une multitude d'anges, il vient illuminer l'élément déficient informe, en le configurant, le formant et en lui donnant nom. *Eugnoste* suppose donc connu un mythe apparenté à celui qui est décrit, par exemple, dans des traités comme l'*Hypostase des Archontes* ou l'*Écrit sans titre* de Nag Hammadi, où une entité féminine du *plérôme* provoque la descente de la Lumière dans le chaos. Effectivement, chez *Eugnoste* comme dans ces traités, la dernière entité féminine du monde supérieur est la Sagesse nommée *Pistis*, ici le 12e *éon*, chiffre qui est lié à la déficience d'après les Valentiniens (voir Irénée de Lyon, *Adv. Haer.* II, 20). Si *Eugnoste* ne fait que signaler un tel mythe, cela signifie vraisemblablement que ses lecteurs le connaissaient parfaitement, ou encore que l'auteur avait l'intention d'aborder ce sujet plus longuement par la suite. À ce propos, on peut se demander s'il est prudent, du point de vue méthodologique, d'analyser un texte religieux de façon isolée: de même, en effet, qu'*Eugnoste* a pour objectif principal de révéler le monde supérieur, tout en évoquant cependant, quand il est nécessaire, les Puissances et cieux du chaos fabriqués à l'image de ce monde, on peut remarquer qu'un traité comme l'*Hypostase des Archontes* débute, pour sa part, justement avec la création de ces Puissances et cieux du monde inférieur. Il nous semble donc que ce genre de textes ne devait pas faire l'objet d'un enseignement clos, mais qu'*Eugnoste* par exemple pouvait fort bien être accompagné d'une instruction complémentaire sur le monde matériel, tout comme l'*Hypostase* ou quelque autre traité en sens inverse. L'enseignement gnostique devait porter sur le monde supérieur et le monde inférieur, de façon détaillée. De même, des textes plus axés sur l'éthique, comme l'*Exégèse de l'Âme*, ou encore des traités portant sur des points doctrinaux, peuvent sous-entendre une cosmologie et une conception de l'homme apparentée, sans toutefois les décrire systématiquement, et faisaient donc peut-être partie d'un ensemble.

[19] Cette multitude existait d'abord dans la prescience du Père inengendré avant de l'être en celui qui s'engendre de lui-même à sa ressemblance puis se manifeste à l'extérieur du Père pour le salut. À l'image de l'inengendré, cet engendré possède en effet «un intellect qui lui est propre» et correspond ainsi au deuxième intellect démiurgique médioplatonicien. Puisqu'il contient en lui les pensées de ceux qui vont venir à l'existence à partir de lui il est, pour cette raison, appelé «Père» et «Principe de la connaissance», le Père inengendré étant désigné, pour sa part, comme le «Propator» ou le Pré-Principe.

telle une pensée unifiée par l'intellect monadique — constitue l'Homme primordial ou éon primordial, appelé unité et repos. C'est parce qu'il est masculin et féminin, androgyne, que cet Homme ou ce *plérôme* immortel peut être dit la ressemblance du Père inengendré (*Genèse* 1,26-27)[20].

De cet éon primordial, le premier à se manifester à l'extérieur pour le salut est le Fils de l'Homme — expression de l'intellect. Il est nommé Adam, selon *Eugnoste*, puisque, d'après *Genèse* 2,7, Adam est manifesté en premier, Ève ensuite à partir de lui[21]. Car au Commencement, Ève, l'Église, pensée dans l'intellect-Fils, n'est pas encore révélée hors de lui. De l'intellect vient la pensée, laquelle se subdivise en une multitude de réflexions représentant la foule de ceux qui forment l'Église: le Fils de l'Homme individualise sa pensée, ou la Vie qu'il porte en lui, afin d'illuminer chacun de ceux qui sont dans le chaos. Puis, cette multitude prend forme, à l'image de la pensée divine, en s'extériorisant pour le salut. Dans la mesure où elle constitue une entité collective complète, c'est-à-dire une multitude unifiée dans un même assentiment, elle est nommée «Sauveur», comme chez les Valentiniens décrits par Irénée de Lyon (*Contre les hérésies* I.2.5), car ce Sauveur contient en lui la plénitude de la divinité, c'est-à-dire la totalité de l'Église préexistante du monde supérieur: c'est l'Homme immortel de l'Église sous son aspect plérômatique, bien qu'il ne soit pas encore nommé sous son nom d'Église[22].

Or, à l'avènement du Sauveur, c'est-à-dire à partir de l'assentiment de cette «*multitude unifiée*» du *plérôme* (ⲡⲓⲟⲩⲁ ⲛ̄ⲟⲩⲁⲧⲟ)[23], se manifeste dans le chaos l'Église appelée Église du huitième jour, jour de la résurrection ou du réveil de la goutte d'esprit. Celle-ci est décrite, pour sa part, comme une multitude de Lumières (par comparaison avec la grande Lumière) ou, plus précisément, comme une «*multitude dans la multiplicité*» (ⲡⲓⲁⲧⲟ ⲛ̄ⲙⲏⲏϣⲉ)[24]. Multiplicité que révèle en effet la dualité du nom de l'Église du 8ᵉ jour: «*étant androgyne, elle fut nommée*

[20] L'image parfaite du Père inengendré n'est donc pas uniquement le Fils mais également l'Église, préexistante comme lui et constituant la multitude de ses membres spirituels.

[21] D'où le nom de *Protogénétor*, ou encore de Premier-né, qui est donné au Fils de l'Homme, puisque l'Église sera révélée à partir de lui.

[22] Le nom de l'Église ne sera nommé, c'est-à-dire manifesté, que lors de l'extériorisation de celle-ci. L'Homme de l'Église représente, en chacun de ceux qui sont ici-bas, l'image de l'Homme primordial archétype, puisqu'il est la manifestation des réalités intelligibles contenues dans l'intellect de ce pré-humain archétype.

[23] En copte ⲙⲉⲧⲉ, Eug III 87, 9; ⲉⲩⲇⲟⲕⲓⲁ, SJC BG 112, 4: assentiment ou accord.

[24] Cette Église du huitième jour est située dans l'ogdoade, décrite comme le deuxième éon ou le milieu, ou encore le firmament, lieu intermédiaire entre le monde supérieur immortel et le chaos, notre monde mortel avec ses cieux et ses puissances.

d'après sa fraction *masculine et d'après sa* fraction *féminine: l'époux a été nommé: "Église", l'épouse: "Vie", afin qu'il soit manifeste que par une femme* la Vie fut produite en chacun *des* éons» (les *éons*, c'est-à-dire les êtres possédant une étincelle ou une goutte de lumière qui est assurance d'éternité, même si cette lumière est momentanément éteinte)[25].

Eugnoste adopte une exégèse de *Jean* 1,4, très proche de celle du gnostique Héracléon, dont la doctrine nous est conservée en partie par Origène (*Jean* 1,4: «*En Lui fut produit la Vie et la Vie est la lumière des hommes*»)[26]. Héracléon, en effet, interprète «*en Lui*» au sens de: dans les spirituels (ou les *éons*) qui forment l'Église, puisque, selon *Jean*, la Vie est la Lumière des hommes: c'est donc en chacun qu'elle se produit ou s'engendre. Mais pourquoi Héracléon interprète-t-il ce «*Lui*» dans le sens d'une multiplicité, et non, à première vue, comme signifiant le *Logos* dont parle *Jean*? Et pourquoi, dans le même sens, *Eugnoste* n'identifie-t-il pas l'époux d'Ève, la Vie, la mère de tous les vivants, au Fils de l'Homme Sauveur, nommé Adam, mais plutôt à une multiplicité masculine nommée «Église»?

Parce que le *Logos* ou le Fils Sauveur, en tant que révélation de la plénitude intemporelle de l'être, contient déjà en lui l'Église vivante dans un état d'unification totale, et il représente ainsi la *préfiguration* de la manifestation de l'ensemble: l'Église, avec ses membres, est pour le moment prédéterminée en Lui comme les idées dans l'intellect divin, mais non encore manifestée et donc, non encore nommée comme telle. En ce sens, la Vie n'a pas à se **produire** ou à advenir en Lui. Cependant, cette réalité cachée «*depuis le Commencement*» doit apparaître «*à la fin ou lors de l'achèvement*» (Eug III 86,8-12), avec l'avènement du salut, en étant révélée en ce monde par lui[27]. Or, ce que vient dévoiler le Sauveur (ou l'Homme de l'Église du *plérôme*) est la «*forme idéale*» ou «*moi*» idéal que chacun ici-bas doit reconnaître en Lui parce qu'il en

[25] Voir Eug III 85, 21 - 86, 2: «Or, l'Homme immortel manifesta des éons, des puissances et des royautés, et il donna autorité à tous ceux qui se manifestèrent *en Lui*...». Les éons forment les membres de l'Homme immortel de l'Église: affirmer que la Vie se produit dans tous les éons revient donc à dire qu'elle se produit «en Lui».

[26] Origène, *Commentaire sur Jean*: C. Blanc (SC, 120), Paris, 1966, livre 2, XXI, 137, p. 298-299.

[27] L'Église préexistante du Commencement (ou du premier éon) se manifeste à l'extérieur pour le salut, à la fois dans le troisième éon, c'est l'Église incarnée ici-bas, et dans le deuxième éon ou milieu, puisqu'être sauvé signifie que l'on est d'emblée supérieur au monde matériel et que l'on se trouve dans l'ogdoade ou éon du milieu, situé *au-dessus* des cieux du chaos et de leurs puissances: comme chez Origène, les lieux sont les symboles des différents états de l'âme.

contient l'ensemble[28]. Ce n'est en effet qu'en étant unifiée en Lui que l'Église peut exister comme telle et non comme une multitude dispersée. L'état d'oubli de leur puissance spirituelle correspondait, pour les *éons*, au fait de n'être pas encore distincts de la pensée divine.

Toutefois, pour ceux d'ici, dans le temps et l'espace, le salut se fait graduellement et dans la multiplicité. En conséquence, ce «*Lui*» ne désigne pour le moment que les *éons* ou les spirituels en qui la Vie s'est manifestée, en qui est réchauffée la goutte de lumière et d'esprit. Par le fait même, est révélée leur appartenance à cette multitude unifiée qui apparaît dans le Sauveur-*Logos*, d'où le fait qu'ils sont décrits, dans la *Sagesse de Jésus-Christ*, comme «*envoyés*» d'en haut pour le salut de ceux qui sont encore dans le chaos.

À cause du déroulement de l'histoire du salut, la manifestation du Sauveur Adam signifie pour lui une sortie de la plénitude, car cette manifestation n'est pour le moment que partielle et multiple: l'ensemble de ceux qui sont déjà sauvés constitue cet Homme de l'Église, dont certains membres sont encore dans le chaos et la dispersion. Puisque, d'après le texte de la *Genèse*, Ève n'apparaît qu'au sortir du sommeil d'Adam, comme sa ressemblance, elle n'est effectivement que la ressemblance de ceux qui sont déjà vivants. L'Adam céleste ou le Fils de l'Homme Sauveur n'a donc pas, pour le moment, une aide qui lui correspond totalement, mais seulement ces vivants qui composent l'Église[29].

Un tel enseignement a de nombreux points de contact avec les doctrines valentiniennes sur l'envoi du Sauveur qui pour s'incarner revêt l'Église pneumatique — l'ensemble de ceux qui possèdent en eux une goutte de lumière et d'esprit — comme un corps ou une chair. Selon les *Extraits de Théodote* 1,1 et 26,1 par exemple, la chair du Sauveur est

[28] Cf. Tertullien, *La chair du Christ*, XI, 1, qui rapporte l'opinion gnostique selon laquelle Dieu désira rendre l'âme visible aux hommes en faisant d'elle un corps: il s'agit ici de l'âme spirituelle, momentanément dans l'ignorance de son origine divine, et non de la partie animale ou psychique de l'humain. Cette forme spirituelle ou lumineuse est celle de l'ange, forme ou manifestation divine par excellence selon l'Ancien Testament. C'est pourquoi le Sauveur est décrit comme une grande Lumière, c'est-à-dire un grand ange, composé d'une multitude de lumières ou d'anges (cf. aussi Tertullien, *op. cit.*, XIV, 1-4).

[29] Cf. Clément d'Alexandrie, *Extraits de Théodote* 23,1: «Les sectateurs de Valentin appellent Jésus le *Paraclet*, car il est venu plein d'Éons, en tant qu'il est sorti du Tout» (traduction F. Sagnard, *op. cit.*, p. 105). Aussi: «Jésus, notre "*Lumière*" comme dit l'Apôtre: "*s'étant vidé de lui-même*", — c'est-à-dire, d'après Théodote, "étant venu hors de la Limite" (hors de la plénitude, de l'unité totale) —, a, par le fait qu'il était l'Ange du Plérôme, entraîné au dehors avec lui les Anges de la semence supérieure». Et cela «parce que nous existions nous-mêmes à l'état divisé...» (*Extraits de Théodote* 35,1 et 36,1, traduction F. Sagnard, p. 137 et 139).

l'Église de la semence supérieure qu'il revêt pour se manifester au monde[30]. Pour la *Sagesse de Jésus-Christ*, le premier moment de cette incarnation est la Passion — une goutte de lumière et d'esprit s'écoule de l'Homme céleste[31] — suivie de la résurrection ou de l'éveil de l'esprit lors de sa venue. Ceci provoque le dévoilement de ceux qui étaient «voilés en esprit». Il y a peut-être ici une allusion au déchirement du voile du temple au moment où Jésus remet l'esprit, temple qui est identifié à son corps dans les évangiles: le dévoilement est celui de son corps spirituel, l'Église, dont les membres sont maintenant manifestés. Ces membres sont aussi décrits comme «les vêtements qui sont ici-bas» et devant, selon la volonté de la Sagesse, être «assemblés» ou «harmonisés» par l'homme immortel en vue de la condamnation des brigands, c'est-à-dire des archontes (SJC BG 120,16-121,3): autrement dit, l'esprit, ou l'âme spirituelle, est d'abord venu s'ajuster à la forme humaine en s'incarnant[32]. Et ce sont ces corps-vêtements que le Sauveur vient rassembler, ses membres incarnés, car ils étaient dispersés du fait de l'archonte et ses puissances (*Matthieu* 27,35: «*Quand ils l'eurent crucifié, ils partagèrent ses vêtements...*») et cela, afin d'en faire un seul corps.

Le rassemblement et l'imposition des noms aux êtres vivants

D'après Irénée de Lyon (*Contre les hérésies* I.5.6), les Valentiniens identifiaient la semence spirituelle en chacun (ici la goutte de lumière) à «*l'Église, la réplique de l'Église d'en haut. Voilà... l'Homme qui est en eux*», affirmaient-ils. Toutefois, comme le précise *Eugnoste*, c'est «*en raison de ce que la multiplicité se rassemble pour parvenir à une unité, (qu')il fut donné nom à l'Église, d'après l'Église supracéleste*» (Eug III 86,20-24). Puisque c'est lorsqu'elle se rassemble que transparaît la ressemblance de l'Église d'ici-bas avec le modèle idéal, c'est ce rassemblement qui permet le dévoilement du nom à partir de ce modèle. Par contre, «*celui qui a nom est la créature d'un autre*» (Eug III 72,1-3), ce qui signifie que le modèle idéal n'est que partiellement manifesté, car si la similitude était totale, l'Église visible se confondrait avec ce modèle et n'aurait nul besoin de recevoir de lui son nom.

[30] Cf. aussi Tertullien, *La chair du Christ*, XV, 1-3.

[31] Cf. Origène, *Contre Celse* 6, 34-35 et Irénée de Lyon, *Contre les hérésies* I, 30 sur l'écoulement et l'émanation de lumière.

[32] Cf. Platon, *Phédon*, 86-88, sur *l'harmonie* qui préside à l'union de l'âme et de son vêtement, le corps, âme qui existait avant d'entrer dans cette forme-ci.

Mais quel est ce nom? C'est, comme on l'a dit, celui de l'Église préexistante, «*qui fut nommée au Commencement, c'est-à-dire la première...*» (Eug III 86,5-10). Cette réalité cachée, non encore distinguée du Fils, constitue avec lui la multitude des membres de l'*éon* primordial, ou Homme immortel archétype, dont chacun des vivants deviendra la réplique. Ce Lieu primordial est décrit comme le Commencement ou Principe du nom, c'est-à-dire comme le Commencement de la révélation du Dieu suprême par son nom[33]. L'Église est alors unifiée totalement dans ce nom qui est en fait son lieu d'origine, comme chez Marc le gnostique (Irénée, *op. cit.*, I.14-16). Or ce nom archétype, dont chacun portera l'empreinte, est: **Divinité, Royauté** (et il est étroitement lié à celui d'Adam et Ève ou Fils de l'Homme et Église). Il est unique dans le monde supérieur, l'Église y étant totalement rassemblée, mais multiple lorsque révélé à l'extérieur pour le salut, puisque l'Église incarnée est dans la multiplicité: chacun des membres qui composent l'Homme intérieur, désigné comme l'Église de Vie, doit donc recevoir **en Lui** un nom particulier: celui de dieu, de seigneur, d'archange ou d'ange (correspondant à la royauté).

C'est alors que se produit la «*création*» ou le «*modelage*» spirituel des vivants, dont celui des anges inférieurs était la contrefaçon: à partir de l'Église préexistante qui se révèle, se manifestent «*la forme spécifique, configuration et conformation, afin de donner nom à tous les* éons *et leur ordonnance*» (Eug III 87,23 - 88,3): le passage d'*Eugnoste* sur la manifestation de l'Église, repris par la *Sagesse de Jésus-Christ,* se termine effectivement par la révélation des noms représentant différentes catégories d'ordres angéliques, à partir de la multitude des réflexions, délibérations et paroles de l'Homme immortel (Eug III 87,8-22). Autrement dit, avec la venue du Sauveur, qui est la Lumière, chacun acquiert forme et illumination, grâce à ces noms que sont les anges, ceux-ci constituant en fait la véritable «personne» spirituelle de chacun, son corps spirituel: c'est ce que signifie «*venir dans le cosmos*»[34]. Quand il sort du monde supérieur, ce Sauveur est donc représenté, dans la *Sagesse de Jésus-Christ*, comme la grande Lumière du conjoint ou de l'époux. Il est en effet divisé en une multitude angélique «masculine» venue s'unir à chaque goutte de semence

[33] Voir Eug III 77, 9-13: «Par l'entremise de l'Homme immortel se révéla au Commencement un nom: "Divinité et Royauté"», ou, selon la version parallèle du codex V: «Divinité, Seigneurie, et Royauté». Grâce à ce nom, ou en ce nom, est manifesté un grand *éon*, c'est-à-dire la multitude préexistante en Lui.

[34] Voir note 11.

«féminine», afin de la réchauffer, et c'est l'ensemble de ces spirituels qui forment l'Église répondant au nom de Vie.

La révélation des noms est le résultat d'une réflexion ou délibération divine. Selon la *Sagesse de Jésus-Christ* en effet, «*c'est alors qu'Il forma dans son esprit des pensées, en sorte que tous... reçoivent nom de par cet immortel, lorsque le souffle lui eut été insufflé*». Une telle délibération est unique dans le monde supérieur (c'est, selon *Eugnoste*, de l'assentiment de l'intellect et de la pensée divine ou de l'assentiment du *plérôme* manifesté par le Sauveur que proviennent les noms), mais multiple en chacun ici-bas. Car ces noms, et les formes angéliques qui les représentent, sont les images imprimées en chacun des idées-modèles dans l'intellect divin: l'Église n'est désignée comme telle qu'au moment de sa réalisation, et de même ceux qui la composent[35]. Or, le nom confère la souveraineté et la royauté, car il est supérieur aux anges ainsi qu'aux puissances du chaos. Ceci doit impliquer pour *Eugnoste* — la *Sagesse de Jésus-Christ*, pour sa part, est claire là-dessus — une domination sur le corps que ces puissances ont modelé, et, par conséquent, la condamnation de ces puissances[36].

C'est par son corps spirituel, l'Église, que se manifeste l'Adam céleste ou le Fils de l'Homme. D'où le nom d'Ève (Vie) qui lui est donné par lui, car elle est la mère envoyée vers ceux qui sont «psychiques» pour qu'ils deviennent vivants (*Genèse* 3,20). Si elle reçoit son nom d'en haut, cela signifie qu'étant à la ressemblance du monde supé-

[35] Le nom signifie l'incorporation: voilà pourquoi les noms de la multitude de l'Église n'étaient pas encore manifestés, lorsque celle-ci était cachée dans l'intellect divin. Clément d'Alexandrie, dans les *Extraits de Théodote* (11,2) explique à propos des différentes catégories d'anges: «Et comment leurs différents noms seraient-ils énoncés, si ces êtres n'étaient délimités par leur figure, leur forme, leur corps? "*Autre est l'éclat des êtres célestes, autre celui des terrestres; autre celui des Anges, autre celui des Archanges*"» (I *Corinthiens* 15,40). Car, précise-t-il un peu avant: «ici est le modèle (= les anges), tels seront les élus» (11,1). Cf. à propos de ces passages, J. Pépin, *Théologie cosmique et théologie chrétienne (Ambroise, Exam.* I 1,1-4), PUF, Paris, 1964, p. 319-325, qui note que si les anges ont des formes qui permettent de les distinguer et de les nommer, c'est qu'ils sont incorporés, bien que ce corps soit spirituel. D'après *Eugnoste* en effet, «à partir de ce qui a reçu n[om] se manifesta la *différence* entre ceux qui sont engendrés: il s'agit ici des générations du texte de la *Genèse* qui, ayant reçu le nom divin, sont reconnus comme la descendance du Père inengendré: ils sont incorruptibles du fait de leur origine incorruptible, *différents* ou supérieurs à l'homme engendré de la terre qui est corruptible parce qu'issu du corruptible»: voir Eug III 73, 20 - 74, 7.

[36] Suite à la réception des noms, le texte raconte en effet comment la multitude spirituelle a le pouvoir de se créer des trônes, des chars ainsi que des myriades d'anges à son service, toute cette armée ayant pour objet la domination des cieux du chaos avec leurs puissances (Eug III 88, 11 - 89, 5).

rieur, elle en est sortie en vue du salut: elle a été «prise» de l'Homme (*Genèse* 2,23) puisqu'encore incomplète. Mais étant aussi celle que «Dieu édifie», elle se rassemble et s'unit peu à peu à son conjoint, en sorte qu'à la fin des temps, «tous deux deviendront une seule chair» (*Genèse* 2,22.24).

UNIVERSITÉ LAVAL – FACULTÉ DE THÉOLOGIE
QUÉBEC - CANADA G1K 784

TABLE DES AUTEURS CITÉS

SOMMAIRES DES CAHIERS DE LA BIBLIOTHÈQUE COPTE

1. *Écritures et traditions dans la littérature copte [Études Coptes I], 1983.*
François Daumas, *Importance de la littérature historique copte* — René-Georges Coquin, *Le fonds copte de l'Institut français d'archéologie orientale du Caire* — Gérard Godron, *Le copte à l'Institut de recherche et d'histoire des textes* — Enzo Lucchesi, *Encore trois feuillets coptes du Quatrième Livre des Maccabées* — Michel Pezin, *Les manuscrits coptes inédits du Collège de France* — Gérard Roquet, *Variation libre, tendance, durée. De quelques traits de langue copte dans les Nag Hammadi Codices* — Jean-Marc Rosenstiehl, *La chute de l'Ange. Origines et développement d'une légende; ses attestations dans la littérature copte* — Catherine Trautmann, *Salomé l'incrédule: récits d'une conversion* — Jean-Marie Sevrin, *L'Apocryphe de Jacques (NH I,2) et l'analyse de ses paraboles* — Jacques E. Ménard, *La tradition et l'Évangile selon Thomas (NH II,2)* — Raymond Kuntzmann, *Citations et paraphrases dans le Livre de Thomas l'Athlète (NH II,7)* — Jean-Daniel Dubois, *L'Apocalypse de Pierre (NH VII,3) et le Nouveau Testament* — Jean-Pierre Mahé, *Le Témoignage de Vérité (NH IX,3)* — Michel Tardieu, *Pourquoi l'Acte de Pierre (BG 4) a-t-il été inséré dans le Papyrus de Berlin 8502?* — Madeleine Scopello, *Le Temple et son Grand Prêtre dans les Enseignements de Silvanos (NH VII,4).*

2. Marie-Odile Strasbach et Bernard Barc, *Dictionnaire inversé du Copte. 1984.*
(Instrument indispensable pour l'édition de textes lacuneux)

3. *Deuxième Journée d'Études Coptes (Strasbourg 25 mai 1984) [Études Coptes II], 1986.*
René-Georges Coquin, *Moïse d'Abydos* — Enzo Lucchesi, *Un feuillet reconnu de l'Histoire de Gesius et Isidorus relative à l'invention du chef de saint Jean-Baptiste (BHO 485-486)* — Michel Pezin, *Une souscription copte d'un depinto du Bir-el-Aïn* — André Villey, *Controverses philosophiques à Assiout à la fin du IIIe siècle* — Jean-Marc Rosenstiehl, *Tartarouchos-Temelouchos; contribution à l'étude de l'Apocalypse apocryphe de Paul* — Gérard Roquet, *Syntaxe de deux allomorphes à gradation prosodique spécialisée:* ⲛⲓⲙ *et* ⲛⲉⲙ *bohaïriques en fonction d'exclamatifs* — Marie-Hélène Rutschowscaya, *Introduction à l'étude de l'artisanat du bois en Égypte chrétienne à travers la Collection du Musée du Louvre* — Claude Traunecker, *L'étole diaconale copte et ses antécédents* — Laurent Motte, *L'hiéroglyphe, d'Esna à l'Évangile de Vérité (NH I,3)* — Michel Tardieu, *Un témoin gnostique copte de la tradition du Pseudo-Andronicus de Rhodes* — Catherine Trautmann, *Le schème de la croix dans l'Évangile selon Philippe (NH II,3)* — Madeleine Scopello, *Jacques de Saroug et l'Exégèse de l'Ame (NH II,6)* — Jean-Pierre Mahé, Παλιγγενεσια *et structure du monde supérieur dans les Hermetica et le traité d'Eugnoste de Nag Hammadi* — Jean-Daniel Dubois, *Contribution à l'interprétation de la Paraphrase de Sem (NH VII,1)* — Jacques E. Ménard, *Termes et thèmes valentiniens de l'Exposé Valentinien et des Fragments du Baptême et de l'Eucharistie du Codex XI de Nag Hammadi.*

4. *Études Coptes III – Troisième Journée d'Études (Musée du Louvre, 23 mai 1986), 1989.*
Rodolphe Kasser, *Sigles des dialectes coptes. Propositions pour une convention permettant d'unifier les divers usages systématiques actuellement en vigueur* — Anne Boud'hors, *Manuscrits coptes «chypriotes» à la B.N. Paris* — René-Georges Coquin, *Deux fragments fayoumiques du fonds copte, IFAO 28 et 29 (Jean 1,48-2,23; Apocalypse 6,15-7,9; 10,2-11,3)* — Jean-Daniel Dubois, *Une variante copte de Matthieu 27,49 tirée du Codex Scheide* — Nathalie Beaux, *Pour une paléographie du P. Chester Beatty 2018* — Dana Sismanian, *Le point et la prosodie. Quelques notes au sujet des parépigraphiques coptes* — Myriam Wissa, *Sauvegarde du patrimoine archéologique copte en contexte urbain: Le cas de l'église de Daïr Al'Adra, Harat Zuwaïla, au Caire* — Madeleine Scopello, *Femme et société dans les notices des Pères contre les Gnostiques* — Jean-Pierre Mahé, *Paraphrases de Sem (NH VII,1) et Corpus Hermétique* — Jacques E. Ménard, *Le Logos de la Protennoia Trimorphe (NH XIII,1) et celui du IVe Évangile* — Laurent Motte, *La vache multicolore et les trois pierres de la régénération.*

5. Henri De Vis, *Homélies coptes de la Vaticane, I* (réédition). *1990.*
Panégyrique de saint Jean-Baptiste — Benjamin d'Alexandrie, *Sermon sur les noces de Cana – Panégyrique des Saints Innocents* — Démétrius d'Antioche, *Sermon sur Isaïe 1,16-17* — Sévérien de Gabala, *Sermon au sujet de la pénitence.*

6. Henri De Vis, *Homélies coptes de la Vaticane, II* (réédition). *1990.*
Zacharie de Sḫôou, *Sermon sur la montée de Notre Seigneur à Jérusalem* — Zacharie de Sḫôou, *Sermon consolateur – Panégyrique des Trois Enfants de Babylone* — Cyrille d'Alexandrie, *Huit miracles des Trois Enfants* — Basile de Césarée, *Sermon sur l'Arche de Noé* — Archélaos de Néapolis, *Sermon sur l'Archange Gabriel.*

7. *L'Égypte en Périgord; dans les pas de Jean Clédat (Catalogue raisonné de l'Exposition, Musée du Périgord 16 mai - 15 septembre 1991), 1991.*
Yves Guéna, Jean Leclant, *Avant-propos* — Éliane Gaillard, *Jean Clédat* — Michel Soubeyran, *La collection égyptienne du Musée du Périgord. L'Égypte pharaonique* (avec Dominique Farout) — Marie-Hélène Rutschowscaya, *L'Égypte copte* (avec Dominique Bénazeth et Éliane Gaillard) — Anne Boud'hors, *Langue, écriture, littérature coptes* — Marie-Hélène Rutschowscaya, *Les tissus coptes* (avec Dominique Bénazeth et Marie-Jeanne Cornic) — *La coptologie en France.*

8. *Études Coptes IV. Quatrième Journée d'Études (Strasbourg 26-27 mai 1988), 1994.*
Alla Elanskaya, *Description des manuscrits coptes de la B.N. publique «Saltykoff-Chtchtédrine» de Saint-Pétersbourg* — Peter Nagel, *Ein koptisches Fragment aus Kyrill von Jerusalem über die Anfänge des Manichäismus (P. Heid. Inv. Kopt. 450)* — Dominique Bénazeth, *Histoire des fouilles de Baouît* — Alexandre Kakovkine, *La première exposition copte en Russie* — René-Georges Coquin, *Quelle est la date possible de la recension de Basse-Égypte du Synaxaire des Coptes?* — Laurent Motte, *L'astrologie égyptienne dans quelques traités de Nag Hammadi* — Anne Pasquier, *Imposition des noms aux «âmes vivantes» et manifestation d'Ève dans les traités d'Eugnostes et de la Sagesse de Jésus-Christ.*

9. *Christianisme d'Égypte. Hommages à René-Georges Coquin. 1994.*
Bibliographie de René-Georges Coquin — Michel Pezin, *Nouveau fragment copte concernant Paul de Tamma (P. Sorbonne inv. 2632)* — Rodolphe Kasser, *Lazare conté en un lyco-diospolitain fort étrange (Jean 10,7-13,38)* — Ugo Zanetti, *Un index liturgique du Monastère Blanc* — Paul Devos, *De saint Jean de Lycopolis aux Règlements de Vie Chrétienne* — Antoine Guillaumont, *Les «remnuoth» de saint Jérôme* — Wolf-Peter Funk, *Gedanken zu zwei faijumischen Fragmenten* — Hans Quecke, *Psalmverse als «Hymnen» in der koptischen Liturgie?* — Paul-Hubert Poirier, *Note sur le nom du destinataire des chapitres 44 à 54 de la Caverne des Trésors* — Samir Khalil Samir, *Vie et œuvre de Marc Ibn Al-Qunbar* — Bernard Outtier, *Histoire de Prophètes.*

ASSOCIATION FRANCOPHONE DE COPTOLOGIE

(Association de droit local inscrite au Tribunal d'Instance de Strasbourg N° 12, vol. 44)

Fondée le 28 mai 1982, lors d'un premier rassemblement de coptisants francophones, l'Association Francophone de Coptologie s'est donné pour objet, selon l'article 2 de ses statuts:
— de servir de lien entre chercheurs, enseignants et amateurs de copte dans l'aire francophone,
— d'organiser périodiquement des Journées d'Études Coptes,
— d'entreprendre toute action pouvant favoriser les échanges entre spécialistes francophones des études coptes,
— de soutenir toute initiative allant dans le sens d'un développement des études coptes dans l'aire francophone,
— de faire connaître les travaux de langue française sur la coptologie.

Elle est composée de ses membres fondateurs, de ses membres actifs et membres d'honneur.

L'Association Francophone de Coptologie s'adresse à tous ceux qui, par leur travail ou l'intérêt qu'ils accordent à la langue, à l'art, aux écrits coptes et à l'état actuel de la sociologie égyptienne, veulent contribuer à l'élargissement et l'approfondissement de la recherche en coptologie.

L'A.F.C. est membre de l'Association Internationale d'Études Coptes (I.A.C.S.) depuis 1988.

Contact:
Jean-Marc ROSENSTIEHL
15, Rue Nobel
F-67460 SOUFFELWEYERSHEIM

Trésorier (cotisation):
Fouad KHOUZAM
20ter, Rue de Bezons
F-92400 COURBEVOIE

Cahier de la Bibliothèque Copte n° 8.
ÉTUDES COPTES IV
Quatrième Journée d'Études
Strasbourg 26-27 mai 1988

La *Table des Matières* se trouve en page VI au commencement du Cahier.

Illustrations:
Pages 45, 47: photos R. Zachmann.
Page 52: plan J.-C. Golvin.
Pages 55, 56: photos Clédat-IFAO-Musée du Louvre.
Pages 62, 65-70: photos Musée de l'Ermitage.

Responsable du volume:
Jean-Marc Rosenstiehl (C.N.R.S. U.R.A. 186).

ORIENTALISTE, KLEIN DALENSTRAAT 42, B-3020 HERENT